Além dos limites da interpretação
Indagações sobre a técnica psicanalítica

Dados Internacionais de Catalogação na Publicação (CIP)
(Câmara Brasileira do Livro, SP, Brasil)

Uchitel, Myriam
    Além dos limites da interpretação : indagações sobre a técnica psicanalítica / Myriam Uchitel. -- São Paulo : Casa do Psicólogo, 1997.

Bibliografia.
ISBN 85-85141-98-0

    1. Psicanálise – Interpretação I. Título.

97-2986
                                      CDD-616.8917
                                      NLW-WM 460

Índices para catálogo sistemático:

1. Psicanálise : Interpretação : Medicina
616.8917

EDITOR
Anna Elisa de Villemor Amaral Güntert

REVISÃO
Berenice Martins Baeder

Capa
Ivoty Macambira, a partir de
óleo sobre tela de Célia Colli

DIAGRAMAÇÃO E COMPOSIÇÃO
Arte Graphic

Myriam Uchitel

Além dos limites da interpretação
Indagações sobre a técnica psicanalítica

Casa do Psicólogo®

© 1997 Casa do Psicólogo® Livraria e Editora Ltda.

Reservados os direitos de publicação em língua portuguesa à
Casa do Psicólogo Livraria e Editora Ltda.
Rua Alves Guimarães, 436 – CEP 05410-000 – São Paulo – SP
Fone (011) 852-4633   Fax (011) 3064-5392
E-mail: Casapsi@uol.com.br

É proibida a reprodução total ou parcial desta publicação para
qualquer finalidade, sem autorização por escrito dos editores.

Impresso no Brasil / *Printed in Brazil*

Sumário

INTRODUÇÃO 11

ROTEIRO 15

CAPÍTULO 1
Do trauma à fantasia, da catarse à interpretação 17

CAPÍTULO 2
Alcances da interpretação no processo de análise 49

CAPÍTULO 3
Nos limites da interpretação 105

CAPÍTULO 4
Além dos limites da interpretação? 133

COMENTÁRIOS FINAIS 151

BIBLIOGRAFIA 155

A Walter,
Eva e Roberto,
pela felicidade de tê-los.

Agradecimentos

A Renato Mezan, por ter sido um mestre no ofício de orientar. Pela sua generosidade. Pelo seu estímulo para esta publicação.

A Kitty Haasz, amiga entranhável, pelo benefício de sua sabedoria, de sua perspicácia, de seu fino sentido de humor. Por experimentarmos o privilégio de uma relação.

A Luís Claudio Figueiredo, suporte constante e indispensável neste trajeto,

A Ângela Santa Cruz, pela fraterna amizade, pela sua inteireza, pelas discussões esclarecedoras.

Aos que "cercearam" meu portunhol: Hiliana Alves, amiga querida, a quem devo a primeira versão corrigida do texto. A Dany Al-Behy Kannan, que com dedicação carinhosa e singular competência fez a segunda revisão, e a Genny Cemin, que com seus dons de tradutora deu os últimos toques.

A Sílvia Alonso, Rita Cardeal e Alcimar A. de Souza Lima, pelas fecundas discussões em diferentes momentos da elaboração.

A Mauro Boschero, amigo de longa data, que em mais de uma oportunidade fez ressuscitar na tela do computador o texto.

Ao grupo das 6ªs feiras, Janice, Márcia, Nilza, Rosângela e Vilma, pelo afeto que permeia nossos encontros, pelo entusiasmo recriado semana a semana, e por propiciarmos mutuamente um espaço de crescimento.

A Amazonas Alves Lima, com quem experimentei que não é só a interpretação, mas também e fundamentalmente a qualidade da presença — que dá apoio às palavras — que produz efeitos.

A meus pacientes.

Introdução

Como pensar a técnica psicanalítica? Como uma 'arte' que prescinde de qualquer elaboração reflexiva? Como um recurso pouco discriminável da teoria? Como um 'instrumento transformador' de nossa 'matéria-prima', fácil ou dificilmente equacionável a partir dos efeitos que ela gera?

A prática clínica está cheia de impasses, alguns provenientes de nosso objeto de estudo, desse inconsciente perspicazmente volátil, dificilmente atingível e engenhosamente mimetizável; outros provenientes dos recursos técnicos, daqueles com os quais o analista trabalha. Frente à diversidade que a clínica apresenta, o discurso psicanalítico coloca-se, por meio da interpretação, como um saber capaz de produzir transformações. Este saber se funda na idéia de um sujeito cindido — ferido nos seus ideais de autonomia, unidade e controle pela via da consciência — que constitui a singularidade de seu psiquismo às custas das vicissitudes pulsionais e das exigências do recalque. Recalcado e não-recalcado (no sentido daquilo que não foi necessário submeter ao recalque) pareceriam cobrir todo o psiquismo. Nesse sentido, o sujeito do inconsciente, o sujeito do recalque, o sujeito com inscrições simbolizadas ou simbolizáveis, seria o alvo da psicanálise.

Através da interpretação — recurso técnico por excelência — a análise teria a tarefa de decompor, 'decifrar', 'atribuir' sentidos, recuperando para níveis da consciência as marcas mnêmicas que, do seu recôndito hábitat produzem efeitos.

Se as coisas se passassem dessa forma, teoria (sujeito estruturado pelo recalque) e técnica (interpretação) se harmonizariam, e dariam, sem mais, conta desse processo. No entanto, nossa diária *via-crucis* nos corredores da clínica chama a atenção para aquilo que parece resistir a nossas intervenções, e, portanto, resistir a essa construção teórica.

Será que a responsabilidade por isso pode ser atribuída a um mau domínio da técnica? Nesse caso, caberia perguntar o que é um bom domínio, o que é uma interpretação 'correta', o que é interpretar em psicanálise, como se constrói uma interpretação, como se dimensionam seus efeitos. Ou será que a limitação estaria dada, quase por definição, por aquilo que Freud tem em mente quando postula que analisar é uma das profissões impossíveis, e que seu sucesso sempre estará fadado a um insuficiente resultado?

Ampliando a compreensão sobre essa impossibilidade, Joel Birman (1992), em "Um sujeito na diferença e o poder impossível" (1994) dirá que se trata do reconhecimento de que no psiquismo existe algo que se opõe radicalmente à completa absorção do sujeito pelo outro, pelas regras e pela linguagem, mantendo-se esse algo como extrínseco ao diálogo e à ordem simbólica, que faz com que se coloque a experiência da análise — tal como é por nós conhecida — nos limites ou na fronteira do impossível. Pensar o sujeito do inconsciente como fruto do recalque, organizado em torno da ordem simbólica, é perceber o sujeito como obra exclusiva de um dos destinos pulsionais, aquele pelo qual o pulsional se inscreve no universo da representação mediado pela operação do recalque.

Mas o sujeito não é só recalque; nem todo o pulsional fica inscrito, e aquilo que não fica, ou não acedeu ainda à inscrição, também produz efeitos. Não obstante, a interpretação alude (tomando como referência especialmente os textos freudianos) a um trabalho com o representável, com o representante representativo da pulsão, com aquilo que foi inscrito: decifrando, dando ou trazendo o sentido que ficou oculto pelo efeito do recalque. É aqui que pensamos que nos cabe perguntar pelo campo desse pulsional sem representação, que — supostamente — se mostra pela repetição e implode na nossa clínica, resistindo a toda mudança. Também cabe perguntar pela interpretação, como o recurso que pode ou não dar conta do que se situa 'aquém' da ordem da representação, ou seja, do que está na ordem da pulsão sem representação. Trata-se de pensar se o conceito de interpretação dá conta também deste pulsional (não só por meio do conteúdo, mas da maneira, do estilo de interpretar), ou se seria necessário pensar em outra forma de intervenção que ficasse mais próxima da pulsão 'sem representação'.

Pensar na técnica nos confronta com o pensar nas propostas pelas quais ela se formula: O que pretendemos ao interpretar? Que concepção do processo terapêutico está implícita quando pensamos na sua

Introdução 13

eficiência? Qual o nosso objeto de trabalho: o inconsciente recalcado? "O momento mítico em que a pulsionalidade se inscreve"? O deambular da pulsão por seus destinos? A que demanda respondemos? "Eu o trato, Deus cura"[1] dizia Freud, atenuando talvez a responsabilidade sobre os efeitos, ou precavendo-se do imprevisível, ou, simplesmente, apontando para o campo do impossível, dos limites da nossa prática, mas não da nossa vontade. Pesquisar a técnica do processo analítico implica a preocupação com o que fazemos, com a mudança, que é em definitivo o que visa o tratamento.

Por que o psiquismo parece comportar-se muitas vezes como surdo e impenetrável às nossas interpretações? Qual é o campo de 'audibilidade' e de 'penetração' da interpretação, e qual é aquele onde ela parece resultar ineficiente?

A interpretação como deciframento, como desvelamento do sentido oculto, se desenvolve e encontra seu apoio no campo da primeira tópica freudiana, na estrutura de um aparelho cujos conteúdos se diferenciam pela sua possibilidade ou impossibilidade de consciência. O sintoma neurótico encontraria dessa maneira explicação num retorno, de forma disfarçada, de conteúdos, e desejos, que foram — por processos de defesa — distanciados da consciência. A recuperação do recalcado restituiria ao sujeito sua trama histórica e um sentido estilhaçado pela operação divisora da defesa.

No quadro dessa primeira tópica, o processo terapêutico parece emanar de uma concepção determinista, pela qual o passado retém a chave para a compreensão do presente e para as transformações futuras. Nessa ótica, o analista fica voltado com seu olhar e escuta para o outro e para o passado; dedicado a uma função interpretativa, à captura do desejo insconsciente, e à reconstrução de uma história até então lacunar, cujas falhas privam o sujeito do sentido de suas expressões.

Surgem depois as novas conceituações metapsicológicas, conhecidas como segunda tópica e segunda teoria das pulsões; elas são elaboradas justamente a partir dos impasses que a própria clínica mostrava (na forma de reação terapêutica negativa, da compulsão à repetição, do que mais tarde será teorizado como superego, de mecanismos que não eram precisamente conteúdos recalcados, mas que no entanto eram

---

1. Adágio que Freud cita na sua correspondência a Jung (em Le Guen, *A dialética freudiana*, 1982, p. 62).

insconscientes, como os de defesa). Em que medida essas conceituações deixam intacta a 'teoria da cura' feita antes dessas novas formulações? Em que medida ambas, a segunda teoria do aparelho psíquico — introduzindo um inconsciente que já não coincide com o recalcado, um id que além de conter o recalcado é reservatório e fonte incessante de produção de pulsões, um aparelho que, por meio de suas instâncias, define posições que deixam clara a constituição do psiquismo a partir da experiência intersubjetiva — e a segunda teoria das pulsões — que, através da dualidade pulsional, coloca na pulsão de morte o movimento paradoxal do antimovimento, da eterna tentativa de retorno a um estado anterior, da resistência à mudança, fazendo dessa pulsão a fonte e o motor da repetição — apontam a necessidade de repensar a função da interpretação, e, concomitantemente, a do terapeuta como essencialmente intérprete?

O propósito deste trabalho é mais de questionamento e de reflexão que de obtenção de resultados. Nesse sentido, minha pretensão parece 'freudiana': eu analiso, e talvez — com a ajuda de Deus — algum resultado advenha. Num trabalho de 1926, Freud dizia: "É quase humilhante que, depois de um trabalho tão prolongado, continuemos tropeçando com dificuldades para conceber até as constelações mais fundamentais, mas nos propusemos a não simplificar nem calar nada. Se não é possível ver claro, ao menos vejamos melhor as obscuridades".

Roteiro

Começaremos com uma retrospectiva da técnica, procurando acompanhar momentos de rupturas conceituais a meu ver decisivos para as modificações que foram acontecendo no terreno da clínica. Como primeiro passo, restringindo-me neste momento basicamente aos trabalhos escritos por Freud, tentarei esboçar a partir deles as condições que irão possibilitar a emergência e a consolidação do método interpretativo, assim como a mudança de uma concepção mais comprometida com um ponto de vista econômico (com ênfase no campo dos afetos) para outra, na qual prevalecem os pontos de vista tópico e dinâmico (com ênfase no campo das representações). Nesse sentido, tomarei como eixo alguns casos clínicos. Minha 'peregrinação' percorrerá textos elaborados entre 1891 e 1914, ano em que Freud conclui a escrita de seu último caso clínico, publicado somente quatro anos mais tarde.

Em que pesem as alusões importantes à técnica que encontramos em vários de seus textos finais ("Análise terminável e interminável", 1937a; "Construções em psicanálise", 1937), parece-nos surpreendente a interrupção na seqüência das exposições de casos depois da data mencionada. Será que Freud poderia ter considerado que inexistia qualquer novidade no campo das intervenções — mesmo depois das relevantes elaborações da segunda teoria das pulsões e da segunda tópica — que justificasse o esforço de relatar novos historiais? Ou será que, como sugere Mezan, a clientela constituída cada vez mais por futuros analistas o privava, ao mesmo tempo, de análises de casos 'mais floridos' (cujas demandas estivessem centradas mais no sofrimento do que no desejo de se tornar analista), e da possibilidade de publicar seus tratamentos? Ou seu crescente interesse no desenvolvimento teórico e em temáticas de caráter social[2] absorveram as preocupações antes destinadas à prática clínica?

---

2. Estamos nos referindo aqui a um conjunto de textos que se estendem desde 1912 até praticamente o final da produção de Freud. Entre eles podemos destacar "Totem e tabu"(1912-13), "Considerações sobre a guerra e a morte"(1915), "Psicologia das massas e análise do eu" (1920-21), "O mal-estar na civilização" (1929-30), "Moisés e a religião monoteísta" (1934-38).

Tendo em mente o *núcleo deste trabalho,* repensar a interpretação — e em definitivo o fazer analítico — a partir das contribuições metapsicológicas da nova dualidade pulsional, pulsões de vida e de morte, e do chamado 'modelo tripartite' do aparelho psíquico, organizamos sua seqüência da seguinte maneira. O primeiro capítulo, tal como apresentado ao falar do primeiro passo, sinaliza o caminho da passagem que vai do trauma à fantasia e da recordação à interpretação, para num segundo momento, num caminho de volta da fantasia ao trauma, procurar encontrar a incógnita que complementa a interpretação. Além dos casos citados, que compõem os "Estudos sobre a histeria", trabalharemos também com subsídios de textos de outros autores, em especial "Afeto e linguagem", de Monique Schneider (1994), e *Conferências brasileiras de André Green: metapsicologia dos limites* (1990) e *O discurso vivo* (1973), de André Green.

No segundo capítulo, me proponho a revisar a idéia da interpretação como recurso por excelência da prática analítica, recurso que aponta para o campo das produções inconscientes mediadas pela operação do recalque. Meu propósito é delimitar o alcance da interpretação, e apontar assim para o que poderia ser o traçado de seus limites.

O terceiro capítulo pretende discutir idéias cuja fonte está na produção teórica de Freud posterior a 1920, para com elas pensar num suposto mais além, ou talvez aquém, da interpretação, o que corresponderia a um mais além, ou aquém, do princípio do prazer (pulsão de morte, repetição, masoquismo, gozo, ou trauma).

Por último, no quarto capítulo, incluo fragmentos de alguns casos clínicos próprios e alheios, como ilustração de momentos de impasse que, no meu entender, poderiam apontar a necessidade de rever as funções do terapeuta na sua posição 'exclusiva' de intérprete, e da interpretação como único recurso a garantir o processo analítico.

Do trauma à fantasia, da catarse à interpretação 1

Da fantasia ao trauma, da interpretação à...?

Reportando-nos aos primórdios do desenvolvimento da psicanálise, observamos que ela produz um corte no saber preestabelecido e dominante. Nada da ordem do que se manifestava no corpo poderia ser produzido ou entendido fora do campo propriamente orgânico. As concepções cientificistas anatomofisiológicas prevaleciam, buscando para os transtornos — inclusive os de manifestações psíquicas — causas eminentemente orgânicas, como a degeneração do sistema nervoso. Foi a experiência psicanalítica que trouxe a possibilidade de pensar e formular a articulação entre corpo e psique. Onde só se percebiam localizações e neurônios, teremos agora a complexidade de um aparelho de linguagem, primeiro, e psíquico depois: representações e sentidos.

No ano de 1883, Freud encontra-se em Viena, ainda distante e alheio da problemática das neuroses. Como neurologista, tinha começado a desenvolver um trabalho de pesquisa relativo às perturbações mentais. Só mais tarde, em 1885, munido e antecedido por algumas idéias (tais como as de Brücke em relação à conservação da energia e ao jogo de forças físicas no interior do organismo vivo; as de Helmholtz relativas ao caráter eletrofísico dos processos nervosos; as de Herbart que antecipam idéias como a do conflito psíquico, por exemplo), Freud, em contato com Charcot na clínica Salpêtrière, irá se aproximar dos 'enigmas' — etiologia e cura — da histeria.

O problema da histeria é recolocado por Charcot. Pensada primeiramente como um transtorno de base neurológica para o qual não se encontrava correlato no corpo, e, mais tarde, como fruto de uma simulação tratada por técnicas que iam desde eletroterapia, banhos, massagens, até a extirpação do clitóris ou recolocação do útero, a histeria se converte numa entidade nosológica do sistema nervoso. A Salpêtrière passa a ser assim sede de uma atividade densa e profícua na investigação, diagnóstico e tratamento das doenças mentais. A produção de sintomas análogos aos da histeria por meio do hipnotismo — por obra da

18 *Além dos limites da interpretação*

habilidade sugestiva de Charcot — permitiu inferir a idéia de uma causa psíquica e de um motivo funcional para suas manifestações. Tudo parecia surpreendente, mais especialmente o poder da palavra para gerar e abolir os sintomas. Se as paralisias histéricas podiam ser produzidas por sugestão em estado hipnótico, era possível pensar que fossem o resultado de representações mentais; e da mesma maneira como os sintomas poderiam ser produzidos, poderiam também ser eliminados.

Algumas bases serão colocadas a partir dessas descobertas. Por um lado, a idéia de que a realidade do psiquismo transcende o campo da consciência e esboça a presença de um não-consciente imperceptível à primeira vista, mas extremamente eficaz, a partir do qual se geram múltiplos efeitos. O 'novo' sujeito que assim se perfila será um sujeito dividido, estruturalmente cindido, descentrado em relação às suas vontades e à sua própria consciência. Por outro lado, o sintoma já não será mais entendido como respondendo à ordem do orgânico; ele é investido de sentido, contendo um 'fragmento de verdade histórica'. Só é absurdo e ilógico a partir da consciência, pois delatará uma experiência cuja cena e cujo peso o próprio sujeito desconhece.

Ambas as premissas, a 'descoberta' do inconsciente e a atribuição de um sentido simbólico para os sintomas do paciente, inauguram em nosso entender o campo da psicanálise, e, com ele, a concepção de um psiquismo que, por caminhos desconhecidos, fora do império da consciência, constitui-se, preserva e se transforma na experiência intersubjetiva.

Um campo novo de conhecimento e pesquisa se abre, e duas preocupações se desenvolvem simultaneamente: a etiologia e o tratamento dos fenômenos histéricos.

Deslumbrado e motivado pelo contato com Charcot, influenciado também pelos médicos franceses Liébault e Bernheim, da escola de Nancy, que vinham obtendo resultados apreciáveis no tratamento da histeria por meio da sugestão e hipnose, e intrigado pela inquietante relação que, já antes de visitar Charcot, mantivera com o médico vienense Josef Breuer, Freud, em companhia deste, num primeiro momento, e depois solitariamente, abre caminho para suas próprias pesquisas.

A década de 1890 é marcada pela publicação de vários estudos que permitirão uma primeira formulação de hipóteses substantivas sobre a gênese e terapia dos fenômenos histéricos.

Do trauma à fantasia 19

O "Estudo comparativo das paralisias motoras orgânicas e histéricas" (1888-93) — primeira elaboração, fruto de um trabalho prático que aparece nas *Obras completas* — é um texto fundamental porque introduz a idéia de um corpo, cujas expressões e manifestações não podem ser entendidas como meras conseqüências de fatores físicos, orgânicos ou neurológicos. Faz-se necessário apelar ao concurso das fontes do psiquismo, dos afetos e dos sentidos para poder compreendê-las. Freud, nesse texto, atribuirá a responsabilidade pelos sintomas histéricos à "abolição da acessibilidade associativa" e à impossibilidade de oferecer representação e associação para partes do corpo. "O braço (paralisado, por exemplo) se comporta como se não existisse para o jogo de associações" (Freud,S. B. N.,1888-93; p. 20)[3]. É, portanto, o afeto que determinará a possibilidade ou não da associação. Assim, continuará dizendo: "O valor afetivo que atribuímos à primeira associação de um objeto impede-nos de fazê-lo entrar numa nova associação com outros, e, dessa forma, torna inacessível à associação a idéia de tal objeto" (*ibid.*; p. 20). Remetendo-se ao exemplo anterior, acrescenta: "O braço ficará paralisado em proporção à persistência de tal valor afetivo ou de sua diminuição por meios psíquicos apropriados" (*ibid.;* p.20); "... toda sua afinidade associativa se encontra integrada numa associação subconsciente com a lembrança do sucesso traumático que produziu a paralisia" (*ibid.*; p. 21), ficando afastado o órgão ou a função das associações do eu consciente. A reintegração da função ou do órgão ao sujeito não será possível se "... o valor afetivo do trauma psíquico não for eliminado por meio da reação motora adequada ou do trabalho psíquico consciente" (*ibid.*; p. 21).

Esse texto, além do mérito de fazer a transição entre o conceito de um corpo eminentemente orgânico e um simbolizável, traz já idéias centrais, como a do trauma psíquico, a grande importância atribuída ao afeto e a idéia precursora do processo de elaboração (por intermédio da expressão do "trabalho psíquico consciente"). Essas idéias, a nosso ver, mesmo tendo assumido diferentes versões, não mais foram abandonadas por Freud.

Essa linha de leitura destaca o entrelaçamento de trabalhos passados, presentes e futuros, e a idéia segundo a qual ao longo da produ-

---

3. Os textos citados de Freud pertencem às *Obras completas de Sigmund Freud*. Madri, Biblioteca Nueva, 1973.

20   *Além dos limites da interpretação*

ção teórica de Freud é difícil ou — até arriscaria dizer — impossível achar formulações que se antagonizam com outras, a ponto de serem abandonadas sem deixar vestígio. Assim parece interessante assinalar o peso dado ao conceito de associação, que cremos encontra inspiração nos trabalhos sobre a linguagem. Atendo-nos à data da publicação do trabalho, *A afasia* de 1891, que se antecipa em dois anos ao das paralisias, vemos que Freud já coloca a preocupação em discernir aspectos orgânicos e funcionais, bem como em destacar o papel atribuído à associação. Nesse trabalho, vai criticar a posição da neurologia clássica, para a qual as afasias eram entendidas como efeitos de lesões em áreas corticais específicas. Contra essa idéia, falará do "aparelho de linguagem" (futuro aparelho psíquico) como um campo de associações e de transferências que não pode ser fracionado em 'centros', em áreas corticais distintas, com diferentes funções específicas operando separadamente. Defende a idéia de que as afasias não são conseqüência da destruição de centros, mas interrupções na condução, ou seja, uma ruptura na associação, atribuída a um problema funcional que impede as conexões (Freud, 1891). Nessa tese, pertencente a um texto de alguma maneira 'renegado' nas suas vinculações com a psicanálise, ou um tanto depreciativamente caracterizado como pré-analítico, encontramos já o germe de uma concepção estrutural da idéia do aparelho psíquico (contra a idéia de centros), onde a quebra da associação (fundamento do trauma como isolado das outras representações, e, portanto, impedido de entrar nas cadeias associativas) produz, talvez, na condição de um 'falso enlace' ou de uma tentativa de restituição, o sintoma.

Nesse sentido, a neurose — 'doença da memória'— poderia ser pensada como um tipo de afasia, na qual uma interrupção ou 'diminuição' da atividade associativa ao estilo da parafasia[4] impede a conexão com a representação adequada, aparecendo no seu lugar o sintoma. É interessante apontar que a associação, o estabelecimento de relações, de ligações e nexos, será, posteriormente, uma das tarefas centrais da análise.

---

4. Freud entenderá por parafasia um transtorno de linguagem que produz um uso equivocado das palavras (1891; p. 28), pelo qual as adequadas são substituídas por outras que mantêm com as anteriores uma certa relação. Dirá que é tentador considerá- las como um "sintoma puramente funcional, um signo da perda da eficácia por parte do aparelho das associações da linguagem", que acontece tanto nos pacientes afásicos como nas pessoas normais em estado de fadiga ou de divisão da atenção, ou sob o influxo de emoções perturbadoras (1891; p. 30).

Do trauma à fantasia

Um pouco mais tarde, em "Um caso de cura hipnótica" (1892-93) e em "Estudos sobre a histeria" (1895), Freud tentará dar conta, mais detalhadamente, do fenômeno histérico e da evolução da técnica até as portas da associação livre.

No último trabalho mencionado, publicado junto com Breuer, Freud, ao falar da gênese do fenômeno histérico, dirá que o fator sexual desempenha um papel fundamental na patogenia da histeria. Ele se apresenta como a fonte dos traumas psíquicos, o motivo da defesa e do recalque das idéias fora da consciência. Como vemos, o trauma, como agente provocador de afetos penosos, de medo, de angústia, de vergonha, de dor psíquica (1893; p. 43), ocasionado por experiências sexuais, vai ser postulado como o elemento que desencadeia a histeria, na medida em que o afeto despertado na experiência fique ligado à lembrança do acontecimento. Será, então, o fato traumático (externo e sexual) o responsável pelo sintoma, sendo este na sua manifestação (o ataque histérico, por excelência) a revivescência alucinatória do processo que lhe deu origem.

Um corte transversal nas produções dessa primeira época nos remete, como fator causal, a um acontecimento traumático (traumático enquanto não ab-reagido e, portanto, não submetido ao desgaste e à livre associação), e como procedimento terapêutico, à busca de um fato de verdade (produtor do trauma) pela via da recordação, seja pela hipnose num primeiro momento, seja pela sugestão não hipnótica depois produzindo a ab-reação do afeto concomitante. A psicoterapia característica deste período será denominada 'método catártico'. Da sua aplicação, Freud dirá que "... os distintos sintomas histéricos desapareceriam de imediato e definitivamente, quando se conseguisse despertar com toda a clareza a recordação do processo provocador, e com ele o afeto concomitante; e quando o paciente descrevesse com o maior detalhe possível o processo, dando expressão verbal ao afeto" (*ibid.*; p. 43). Afeto e palavra diminuirão, pela via do desgaste e da reintegração associativa, os efeitos do 'corpo estranho' (acontecimento, primeiro, e da sua lembrança, depois).

Buscava-se o nexo causal entre a suposta origem (cena traumática) e sua conseqüência (sintoma histérico). Às vezes, essa relação podia resultar evidente. Em outras situações, esse vínculo ficava menos claro, pois entre a causa e a manifestação patológica estabelecia-se uma relação desfigurada, simbólica.

Centrando-nos agora na evolução da técnica, atrairemos para nossa rota os historiais clínicos que aparecem em "Estudos sobre a histeria", publicados em seu conjunto em 1895 e empreendidos entre 1889 e 1892. Além de ilustrar, eles podem ser elucidativos a respeito das mudanças na técnica que sobrevirão posteriormente.

Uma primeira observação é necessária. Os relatos dos casos reproduzidos por Freud não se apresentam na seqüência e nas datas em que os tratamentos foram realizados. Isso traz uma certa dificuldade para nosso trabalho. Uma exposição menos depurada talvez tivesse mostrado mais vivamente os percalços do processo e, com isso, mais fielmente os vaivéns da prática. De qualquer forma, fica claro que a técnica não é efeito de uma mera racionalização prévia. Em estado incipiente, muitas vezes aparecem efeitos para os quais só mais tarde será possível atribuir sentido. Talvez a preocupação de Freud nessa altura fosse mais a de mostrar os avanços da técnica, com certa coerência e sentido, do que apresentar as 'incoerências' e vicissitudes às quais um processo de produção está sujeito.

Tratando-se de uma tentativa de reconstrução das passagens mais significativas nos caminhos da técnica, decidimos iniciar o percurso mencionando Anna O., paciente de Breuer por um ano e meio, a partir de dezembro de 1880, pois, como Peter Gay (1988; p. 75) assinala, citando o próprio Breuer, esse caso continha a "célula germinativa do conjunto da psicanálise" (1991; p. 95). A sugestão hipnótica e o peso atribuído à palavra (na qualidade evocativa de lembraças e na expressão de fortes emoções) são os dois recursos básicos — ainda sem teorização nenhuma — utilizados nesse caso, que assentaram precedentes valiosíssimos com os quais Freud retomará, posteriormente, seus futuros tratamentos.

Em 1889, nove anos depois do histórico encontro entre Breuer e sua paciente Anna O., Freud atende seu primeiro caso de histeria pelo método catártico. Trata-se de Emmy von N., paciente de uns quarenta anos, acometida de vários sintomas, entre eles gagueira, afasia espasmódica, dedos entrelaçados e, especialmente, "... um tique, um som inarticulado, um singular estalido ou 'castanhar' que abria caminho entre seus lábios contraídos" (1892-93; p. 27), que se instalou em duas oportunidades nas quais ela havia se proposto severamente a guardar silêncio. A freqüência de seus delírios e alucinações em meio a uma "absoluta normalidade das funções psíquicas", a transformação de sua

Do trauma à fantasia　　　　　　　　　　　　　　　　　　　　23

personalidade e da memória durante o sonambulismo artificial, o caráter conversivo de alguns de seus sintomas (conversão da excitação psíquica em sintomas somáticos), acrescidos dos dados de sua anamnese, levaram-no a concluir que se tratava de um caso de histeria. Freud interpretará o sintoma do estalido como efeito de uma "vontade contrária", pela qual uma representação contrastante, penosa, rejeitada pela consciência normal, encontra um caminho de inervação somática. A representação trabalhosamente recalcada reaparece em forma de ato, expressando o contrário do propósito consciente.

A finalidade desse tratamento, cuja duração foi de sete semanas, e que manteve as mudanças produzidas quase de maneira inalterada durante uns sete meses, orientava-se, basicamente, para a remoção e desaparição dos sintomas pela sugestão hipnótica. Por meio de raciocínios, ordens e introdução de representações contrárias, pretendia-se dissipar as manifestações patológicas, debilitando a importância das lembranças, de tal forma que elas não pudessem surgir posteriormente na consciência, "expulsando então da memória toda reminiscência, como se jamais tivesse existido" (1895; p. 58). Mediante uma minuciosa tarefa, Freud investigava a gênese de cada sintoma, chegando às hipóteses através das quais, supostamente, tinha-se constituído. No dia-a-dia, trabalhava com cada imagem patógena até conseguir derivar sua excitação e supostamente esvaziá-la de sua carga de afeto. Em estado de sugestão hipnótica, era de se esperar que a paciente pudesse ampliar o campo da consciência, relatando lembranças que associativamente surgissem através das indagações sistemáticas, expressando, paralelamente, os intensos afetos associados a essas representações.

O trabalho dava seus frutos. Freqüentemente era possível eliminar os sintomas que acossavam a paciente. Não obstante, muitas vezes eles reapareciam com menor ou igual intensidade, levando Freud a hipnotizar novamente com o intuito de fazer desaparecer um possível resto de excitação, ou "desvanecer separadamente cada uma das impressões temerosas" (1895; p.54). Ele sustentava que, enquanto os relatos das situações traumáticas fossem incompletos, não produziriam um efeito curativo, pois os resíduos dos afetos penosos iriam sempre ter condições de produzir novos sintomas.

Embora os resultados do tratamento se mantivessem por vários meses, os sintomas voltavam. Talvez com menor intensidade, mas de forma recorrente. Freud não conseguia precisar se as melhoras eram

24 *Além dos limites da interpretação*

fruto de sugestão ou supressão do afeto por derivação, razão pela qual o método catártico não conseguia ser totalmente confirmado na sua eficácia terapêutica.

Note-se que esse tratamento estava orientado tecnicamente pelo propósito que em "Acréscimo à comunicação preliminar dos estudos sobre histeria" (Nota III) Freud coloca: "... a terapia consiste em anular os efeitos das representações não ab-reagidas, seja fazendo reviver o trauma no estado sonambúlico, para logo ab-reagi-lo e corrigi-lo, seja levando-o à consciência normal no estado de hipnose ligeira" (1892; p. 54).

A carga de excitação contida nas representações, que por algum motivo (social, vergonha, pudor etc.) não encontra uma forma de expressão, requer a derivação da excitação e a inclusão da lembrança do trauma numa corrente de associações.

Nesse tratamento, podemos destacar alguns aspectos: o fator econômico apresenta-se quase exclusivamente como determinante das formações sintomáticas. O excesso de excitação que acompanha uma representação desprazerosa para a consciência encontra no corpo (no sintoma histérico) uma possibilidade de expressão, negada pela ausência da atividade associativa realizada pelo psiquismo com as demais representações. O trauma apresenta-se, dessa maneira, como uma representação carregada em excesso, transbordada por sua vez pelas excitações, enquistada como um corpo estranho, desprovida de conexões e, paradoxalmente, ao mesmo tempo com excesso e falta de sentido.

Encontramos, também, nesse relato de tratamento, afirmações que antecedem e precipitam, de alguma forma, posteriores modificações da técnica, que se apoiarão na reflexão sobre os limites da sugestão, para conduzir mais tarde às elaborações sobre associação livre e transferência. Observemos alguns parágrafos nos quais estas idéias se insinuam: depois de Freud ter interrompido um dos relatos da paciente, conta-nos que ela, francamente mal-humorada, diz-lhe que não devia perguntar-lhe sempre de onde procedia isto ou aquilo, mas deixá-la relatar o que desejasse (1895; p. 64); a paciente queixou-se, assim, das contínuas interrupções e indagações que a impediam de deixar fluir e concluir seu pensamento. Mais tarde, depois de responder a seu apelo, permitindo-lhe continuar seu relato por caminhos só por ela definidos, numa comunicação sem aparente objetivo, Freud percebe que essa fala 'livre' não estava isenta de significados, conduzindo às lembranças patógenas, inacessíveis por meio de um interrogatório. Essa constatação,

Do trauma à fantasia 25

acrescida pela 'intuição' segundo a qual a própria associação livre funcionava como descarga, deve ter contribuído de maneira valiosa na sedimentação do método da associação livre, ainda distante de ser formulado na época. Depois de sete meses da interrupção do tratamento e havendo dado como satisfatórios os resultados, Freud teve notícias, pela própria paciente, do padecimento de uma nova "comoção psíquica", originada pelo agravamento dos sintomas de sua filha, nas mãos de um médico que ele lhe indicara. Freud entendeu, então, que o recrudescimento dos sintomas da paciente se associava à responsabilidade que ela lhe tinha atribuído nesse episódio. Pensando dessa forma, relata: "... ela anulou por meio de uma enérgica volição os efeitos de meu tratamento, e submergiu em seguida nos mesmos estados dos quais eu a tinha liberado" (*ibid.*; p. 73). Nessa fala — que devia ter ampliado dúvidas já cultivadas sobre se as melhoras que aconteciam no decorrer de um tratamento eram fruto da sugestão ou da "supressão dos afetos por derivação"— temos elementos que darão subsídios para pensar, mais tarde, o fenômeno da transferência.

A mera recordação, dirá Freud, não garante que a mudança permaneça. Será necessária, além do mais, a reconstituição completa dos acontecimentos traumáticos, a catarse dos traumas (1895; p. 83), a investigação da gênese de cada um dos sintomas, para combater as idéias sobre as quais se sustentam e estabelecer as relações entre estes e seus significados, o que implica um trabalho de "decifração de sinais", chamado por Freud de "análise psicológica". Só dessa forma poder-se-ia esperar que o trabalho terapêutico não deixasse intacta a capacidade do paciente para ficar novamente doente sob a ação de novos traumas (*ibid.*; p. 87).

Nessa passagem, vemos como a terapia, que mantinha até então uma preocupação basicamente sintomática, passa a ter uma preocupação com o fator causal, e como — até por essa razão — o método catártico vai mostrando traços de insuficiência. À recordação e à ab-reação será necessário agora acrescentar o trabalho de "decifração de sinais" (mais claramente desenvolvido na "Interpretação dos sonhos"), de atribuição de significados, de atribuição de sentidos, os quais, como poderemos ver mais adiante, precedem o que se entenderá como o trabalho interpretativo.

Três anos depois desse tratamento, mais precisamente no outono de 1892, Freud atende Elizabeth von R., paciente que padecia de "dores nas pernas e dificuldades para andar". Dois motivos fazem deste um relato extremamente relevante: será esse o primeiro caso que Freud diz ter concluído, e será também a primeira vez que o método da associação livre faz sua entrada.

Tanto as dificuldades da paciente para ser hipnotizada como as de Freud como hipnotizador, e uma certa desconfiança dele a respeito dos alcances mágicos desse procedimento[5], levam-no a recorrer ao método da sugestão em estado de vigília. Inspirado na demonstração de Bernheim sobre a possibilidade de lembrar conteúdos que tinham estado presentes durante o estado hipnótico, pressionava com a mão sobre a cabeça da paciente, induzindo-a à evocação de imagens e ocorrências, assegurando-lhe que as lembranças buscadas se fariam presentes.

Nem sempre a fluidez da paciente estava isenta de interrupções. No começo, Freud atribuía essas 'falhas' à escassez associativa, ou a um dia pouco fértil, esperando que o seguinte fosse mais produtivo. Outras vezes, supunha que a paciente silenciava porque aquilo que tinha para ser dito parecia carente de interesse ou porque a ocorrência era de tal maneira comprometedora que preferia ocultá-la. Logo decidiu como premissa que o método não falhava nunca, que as lembranças existiam, mas estavam impedidas de se fazerem conscientes, e que o silêncio evidenciava uma força contra a qual tinha que se opor. Ao solicitar a comunicação de "tudo aquilo que surgisse na sua imaginação, tivesse ou não relação a seu juízo com o tema colocado" (1895; p. 120) tentou driblar esse obstáculo que se opunha à comunicação, e que chamou de "resistência". A hipnose e a sugestão paulatinamente darão lugar à 'associação livre', obedecendo ao propósito de vencer as resistências, ou seja, de desviar a atenção consciente, colocando fora de ação a vontade e o pensamento intencional. Nesse trabalho, Freud utilizará a imagem da escavação de uma cidade soterrada para ilustrar seu método. O material psíquico era então concebido como organizado em camadas sucessivas, indo da superfície às profundidades do psiquismo, no qual se localizariam as experiências mais intensas, os 'tesouros' ocultos: enigmas e chaves dos sintomas. Pelo caminho da investigação, Freud procurava a origem e o motivo dos padecimentos.

---

5. Parece-nos interessante o comentário de Freud na "epicrise" de um de seus historiais clínicos a respeito de suas desconfianças: "Ainda hoje é para mim impossível compreender que meu dedo estendido ante os olhos do paciente e o mandato 'Durma'! tenham podido criar por si só aquele especial estado anímico no qual a memória dos doentes abarca todas suas experiências"(1892; p. 87).

Do trauma à fantasia 27

Novamente encontrará na 'derivação por reação' a drenagem necessária para a energia localizada no sintoma. As causas das dores histéricas estarão relacionadas, aqui, a uma situação de conflito (entre um desejo erótico e uma sentença moral), que levará ao recalque da idéia sexual e à intensificação de uma dor física às custas da excitação originalmente ligada a essa idéia.

A questão do conflito como motivo do recalque e pressuposto da histeria de defesa — já esboçado com a paciente Emmy, na idéia de representação contrastante e da "vontade contrária" — apresenta-se nesse caso de maneira mais clara, atribuindo ao conflito de afetos a condição da representação recalcada. Nesse mesmo caso, como uma revelação, Freud dirá: "... ante meus olhos, tomavam corpo agora com toda precisão as idéias da 'defesa' contra uma representação intolerável na gênese dos sintomas histéricos, por conversão da excitação psíquica em fenômenos somáticos, e da formação de um grupo psíquico separado por aquela mesma volição que impõe a defesa" (*ibid.*; p. 121). Exemplificando, acrescentará: "Para poupar a dolorosa certeza de amar o marido da sua irmã, criou no seu lugar um sofrimento físico, nascendo suas dores como resultado de uma conversão do psíquico em somático, naqueles momentos nos quais tal certeza ameaçava impor-se". Os desejos eróticos, entrando em conflito com os deveres morais, são expulsos da consciência, jogados fora do curso associativo. Rejeitado pelo eu pela ação da defesa, o desejo sexual oferece sua magnitude de afeto para a formação de sintomas.

O caráter simbólico dos sintomas e os deslocamentos de sentido que neles se encontram serão fundamentais para continuar pensando na construção do sintoma e na técnica. O sintoma histérico será expressão do conflito, da dor psíquica. Freud se detém a pensar em expressões verbais que aparecem de maneira insistente, expressando simbolicamente a presença dos pensamentos dolorosos. Os infrutíferos resultados da sua paciente para construir a felicidade familiar exprimiam, por sua vez, uma sensação de "impotência", uma sensação de que "não conseguia avançar um só passo" (1895; p. 119). O sintoma vai ser uma forma (por meio da paralisia) de realizar plasticamente o que aqui se expressa verbalmente, colocando em ato o que mais tarde será necessário colocar em palavras.

Já é difícil distinguir nesse texto a diferença pela qual, num primeiro momento, eram designadas as três histerias: hipnóide, de retenção e de defesa[6]. A impressão é que as duas primeiras — pelo menos em alguns de seus aspectos — ficam imersas na de defesa. Nesse sentido, a histeria hipnóide compartilha com a de defesa a idéia de grupos representacionais dissociados, formando de fato um corpo estranho, um grupo psíquico separado sem conexão associativa com outros conteúdos do psiquismo. A segunda, a histeria de retenção, fica de alguma maneira vinculada à de defesa, pela idéia de retenção da excitação, mas desta vez associada à representação de uma das partes do conflito. A "derivação por reação", cujo propósito é debilitar a carga do afeto associada à representação patogênica, vai dando lugar ao novo desafio: o trabalho com as resistências, por intermédio da associação livre, recurso que ajudará a vencê-las.

Dois outros casos são apresentados no trabalho de 1895: Catarina, sem data precisa, e Miss Lucy R., cujo tratamento (o último da série) acontece em finais do mesmo ano. Catarina, embora seja o mais breve dos relatos, nos impresiona de maneira paradigmática, no que diz respeito à histeria de conversão: causa e tratamento. Reforça a idéia do trauma sexual, da sedução paterna, e permite a Freud desenvolver a hipótese do trauma em dois tempos (acontecimento traumático e fator auxiliar). Depois de um encontro fugaz entre ambos, sem maior duração que o necessário para relatar o padecimento (afogamento, peso nos olhos e na fronte, zumbido na cabeça, tonturas, aperto no peito, sensação de desmaio), para um breve interrogatório e para fazer algumas 'suposições', ou melhor, afirmações e traduções de sentido, Catarina recupera suas lembranças traumáticas, e Freud supõe ter ajudado a resolver o quadro da paciente .

Terapeuticamente, não ousando fazer uso da hipnose, Freud se propõe a levar a cabo a análise por meio do que chama um "diálogo corrente". Partindo da experiência de tratamentos anteriores que denunciavam cenas sexuais vistas ou ouvidas atrás dos ataques de angús-

---

6. Freud distingue três tipos de histeria até 1895. Tomando como referência Laplanche e Pontalis (1977), encontramos a 'histeria hipnóide' como aquela que se apresenta como efeito de "estados hipnóides", de dissociação de estados de consciência, pelos quais o sujeito não consegue integrar representações que aparecem durante esses estados com o resto das representações do psiquismo; a 'histeria de retenção' se apresenta como conseqüência de afetos não descarregados devido a condições que impedem sua ab-reação; por último, a 'histeria de defesa' tem origem na implementação de mecanismos de defesa que se acionam para impedir a consciência de afetos desprazerosos.

Do trauma à fantasia 29

tia, Freud sugere à paciente a existência dessas cenas em seu acervo mnêmico, na tentativa de que elas se tornassem conscientes: "... vou dizer-lhe de onde acho que provêm seus ataques. Faz dois anos, pouco antes de começar a padecê-los, deve ter visto ou ouvido alguma coisa que a envergonhou muito, alguma coisa que você teria preferido não ter visto" (1895; p. 102). Pressionada pela idéia de que se quisesse encontraria tais cenas, Catarina vai lembrando situações às quais vai associando a origem dos sintomas. Por um trabalho semelhante ao de um tradutor que pretende passar a limpo uma "escrita hieroglífica", utilizando um alfabeto particular, Freud diz à moça que o fato de ter tido vômitos repetidos levava-o a supor que, enquanto ela observava o que estava acontecendo no quarto da sua tia, sentira repugnância (*ibid.*; p. 104). Todas essas intervenções de Freud ecoavam de tal modo em Catarina, que produziam imediatamente frutíferas associações. Talvez o fato de saber que em breve o 'médico' deixaria a montanha (lugar onde ela se encontrava) pode ter facilitado seu empenho.

É interessante notar que, nas intervenções acima, encontramos o que muito mais tarde Freud caracterizará como construção e interpretação em análise. Chama também a atenção a forma com que Freud hipotetiza nesse texto a origem das cenas traumáticas ("... deve ter visto ou ouvido alguma coisa que a envergonhou muito") (*ibid.*; p. l02) que, a nosso ver, guarda uma similitude com a hipótese que ele faz sobre a origem das fantasias. Na carta nº 59 a Fliess de 6 de abril de 1897, onde esboça a necessidade de incluir o conceito de fantasia, dirá: "O que tenho em mente são as fantasias histéricas, que, tal como as vejo, remontam sistematicamente a coisas que as crianças entreouvem em idade precoce e só compreendem numa ocasião posterior" (1986; p. 235). Mais tarde, em maio do mesmo ano, aprofundando a relação existente entre fantasia e realidade, e começando a dar ao conceito de fantasia o peso necessário para deslocar posteriormente o de acontecimento real escreverá no "Rascunho L": "As fantasias (...) são fabricadas por meio de coisas ouvidas e usadas posteriormente, combinando assim coisas experimentadas e ouvidas, acontecimentos passados (da história dos pais e antepassados), e coisas que foram vistas pela própria pessoa" (1896; p. 241).

No caso Lucy R. (que mais adiante teremos oportunidade de detalhar), por ser cronologicamente o último dos quatro, Freud vai pôr em prática tecnicamente o que desenvolveu nos anteriores. A hipnose, uma vez mais, é colocada em questão, junto à possibilidade de êxito da tera-

3 0   *Além dos limites da interpretação*

pia catártica sem o seu uso. Frente à dificuldade que uma paciente mostrava para ceder ao influxo da hipnose, Freud renuncia a esta técnica (pelo menos quando não podia ser aplicada imediatamente), optando pela concentração, pela pressão e pouco mais tarde pela associação livre. A evidência de que a paciente poderia recordar o acontecido em estado de sonambulismo deu a Freud uma pista e um estímulo para poder pensar que sem a hipnose nem tudo estava perdido. Era possível, em estado de vigília, ter acesso às lembranças dolorosas (o caso Catarina terá sido de fato um exemplo, se realmente ocorreu com anterioridade). Diz Freud que pouco a pouco conseguiu ter tal confiança no método que, se a paciente dizia não se recordar de algo, ele lhe assegurava da possibilidade de fazê-lo (1895; p. 92). Esse procedimento, de resultado muito penoso, permitiu, em compensação, aproximar Freud ao que, mais tarde, nas "Cinco conferências" (1909), chamará de "fator fundante da concepção dos processos psíquicos". A resistência — que já tinha feito sua aparição com Elizabeth von R. — fica mais clara, e, com ela, o método que podemos denominar, mais cabalmente, de analítico.

A metáfora do procedimento "arqueológico" em busca das "cidades sepultadas" adquire força e concretude. Freud vai minuciosamente, num trabalho que parece ser realizado camada a camada, em direção aonde acredita habitar o trauma. A partir dos sintomas, aproxima-se dos traumas "auxiliares" (traumas secundários), chegando à cena do trauma "real". Observemos em algumas poucas frases esse movimento: "Esta tinha sido a segunda cena mais profundamente situada, que tinha atuado na qualidade de trauma e deixado atrás de si um símbolo mnêmico. Mas de onde procedia — pergunta Freud— a eficácia traumática desta cena?" (1895; p. 98) Chegando a esse ponto, continuará dizendo, "... surge na paciente, sob pressão da minha mão, a lembrança de uma cena ainda anterior, que constituiu o trauma verdadeiramente eficaz" (1895; p. 98). As lembranças brotam em seqüência às intervenções de Freud. Às vezes só perguntas, às vezes o que ele chama de interpretação: "Não cabia mais do que uma interpretação, que teve o valor de comunicar à paciente: não acredito que todas essas razões que você me deu sejam suficientes para justificar o carinho pelas meninas. Suspeito que se encontra enamorada pelo pai delas, talvez sem percebê-lo totalmente, e que alimenta a esperança de ocupar de fato o posto da mãe falecida...". Depois dessa interpretação, um pouco mais comprida do que aqui expusemos, Miss Lucy responde: "Acho que o sr. tem razão". "E se você sabia que

Do trauma à fantasia   31

amava o pai das meninas, por que não me comunicou?", perguntou Freud, "Eu não o sabia até agora, ou melhor dito, não queria sabê-lo" (1895; p. 96). Vemos aqui explicitamente colocada a interpretação e, com ela, algumas perguntas que deixamos, pelo menos por enquanto, colocadas: o que a interpretação traz à luz? um conteúdo recalcado? Um conteúdo renegado? Um conteúdo inconsciente ou um conteúdo pré-consciente?

Esse saber que se faz de conta que não se sabe chamou também a atenção de Freud com Elizabeth von R. Desde o começo, achava que a paciente sabia das razões da sua enfermidade, e que, sendo assim, o que ficava fechado na sua consciência era mais um segredo do que um corpo estranho. Em que medida a revelação pelo terapeuta daquilo que, sendo 'sabido', resiste a ser 'sabido de outra maneira', pode produzir, mais do que um efeito liberador, um efeito 'traumático'.

Freud pergunta-se pela eficácia da interpretação e a que material ela alude. "Esse meu diálogo analítico com a paciente não produziu nela a imediata modificação fundamental do estado que esperava. Ela continuava se queixando do mau-humor e da depressão" (1895; p. 97).

Passemos agora a apontar alguns elementos que até este momento nos parecem importantes: o objetivo terapêutico será o de ampliar o campo da memória, dar acesso à lembrança patogênica e conseguir, pela "derivação por reação", a descarga do afeto. Essa concepção terapêutica, que tem como eixo o método catártico, vai perdendo força à medida que a problemática da resistência aparece. Dirá Mezan (1982; p. 23): "Podemos considerar que foi a descoberta da resistência e de sua insuperabilidade pelo método catártico que finalmente conduziu Freud ao abandono das concepções da 'Comunicação preliminar'". E é possível acrescentar que, simultaneamente, o conduziu também ao encontro de um outro recurso — a interpretação — capaz de desvendar e desfazer os movimentos defensivos iniciais que nem a hipnose nem a sugestão podiam dissolver.

De forma um pouco esquemática, podemos precisar até 1895 as seguintes passagens: da teoria dos estados hipnóides (que tinha como correlato o método catártico) a uma teoria da defesa (que desenvolverá como método o trabalho com as resistências), e a passagem da hipnose e da sugestão para a associação livre, mantendo ainda como finalidade a recordação.

Se o objetivo, como vimos, se mantém na recordação, é importan-

32

Além dos limites da interpretação

te perguntar-nos por aquilo que se busca e o que se pretende recordar. O "preenchimento das lacunas da memória" fala neste momento do encontro com um fato real que, perdido no esquecimento, deve ser recuperado para o limiar da consciência. Até 1897, Freud acreditava na cena da sedução como o acontecimento traumático a ser buscado. Mais tarde, essa cena perderá para a fantasia seu estatuto etiológico, distinguindo-se então as fantasias das recordações reais. Essa passagem para a fantasia será considerada fundamental: além de colocar em cena a realidade psíquica, abre caminho para a 'descoberta' do Édipo e da sexualidade infantil.

Encontramos, nesse trânsito pela técnica, algumas mudanças que gostaríamos de assinalar: a passagem de uma preocupação com uma terapia fundamentalmente sintomática para uma preocupação com uma terapia presumivelmente causal (na qual já não bastará eliminar os velhos sintomas, mas sim contemplar as condições que favoreceriam a manifestação de novos); uma passagem da importância da quantidade (na qual as excitações ocupam um papel fundamental) para a qualidade; ou seja, dos afetos (busca da ab-reação) para a representação (busca de significados, de sentidos); e, por último, a passagem de um ponto de vista eminentemente econômico-tópico (catarse e preenchimento das lacunas da memória), para outro mais dinâmico (superar as resistências, trazendo à luz o conflito). A terapia, que num primeiro momento se apresentava como necessária para desgastar uma lembrança pela descarga da excitação associada a ela, promoverá mais tarde, através da dissolução das resistências pela via interpretativa, o encontro das situações esquecidas, a circulação e a conexão entre os conteúdos psíquicos.

Ainda que descritivamente, tal como Freud (1914; p. 1683) assinala numa avaliação posterior, o objetivo continuasse sendo o mesmo, — a "supressão das lacunas da memória" — cada vez mais as análises irão perdendo seu componente catártico, seu componente de expressão da excitação, em suma de expressão afetiva, a favor de uma modalidade mais 'intelectualizada', pela qual se procura o enlace dos afetos às representações. A palavra, não enquanto ato, mas enquanto conteúdo semântico, enquanto significante, vai ocupar (como antes o fazia a ab-reação do afeto) um lugar determinante.

Essas mudanças conduzem a um movimento aparentemente bifurcado. Surge a pergunta: se trata de descarregar uma excitação em excesso, o que nos deixaria circunscritos a um modelo "hidráulico" (e ao que se colocava na histeria de retenção), atribuindo, desta forma, ao

Do trauma à fantasia 33

excesso de excitação ou ao afeto impedido de ser descarregado a condição traumática (método catártico)? Ou trata-se de ir estabelecendo nexos entre conteúdos representacionais aparentemente desconectados, atribuindo à incapacidade de absorver a representação 'incompatível' o efeito traumático (método interpretativo)? Será esta dicotomia facilmente admissível? Ou melhor, seria possível considerar ambas as questões, evitando assim os riscos aos quais a opção por uma delas inevitavelmente conduziria? Ou a dicotomia se abre para um outro campo, onde nem o excesso de excitação por efeito de um acontecimento traumático externo, nem uma representação incompatível são em si mesmas suficientes para entender toda produção sintomática? E se esta última questão for pertinente, qual seria o outro aspecto a ser acrescentado, e em que medida seria necessário que nós mesmos, atualmente, repensássemos nossa técnica?

Nos trabalhos de Freud encontram-se movimentos de permanentes avanços e recuos, mesmo que neles chamem a atenção as certezas apresentadas como imbatíveis, mais do que as humildes dúvidas que um percurso desses despertaria em qualquer mortal, os dilemas sempre acabam diluindo-se em novos pontos de encontro, em novas criações, que terminam resgatando de certa forma os pensamentos anteriores.

Na formulação da primeira teoria do aparelho psíquico, por exemplo, Freud parece capitalizar o que teoricamente tinha sido desenvolvido sobre a histeria (e aparentemente parecia estar superado) na forma não ainda de um dilema, mas de um 'trilema': histeria hipnóide, de retenção ou de defesa. Nada parece ter ficado de fora, e podemos até arriscar a pensar que as coordenadas do funcionamento interno (em termos tópicos, econômicos e dinâmicos) atribuídas ao aparelho refletem dimensões que tinham sido reveladas nas hipóteses sobre a histeria. É possível dizer que a histeria hipnóide sugere, com a idéia de 'formação de grupos de associações separados', e com a causa do sintoma por efeito de algo produzido ou 'inscrito' em nível inconsciente que permanece separado do resto do psíquico, a dimensão tópica. A presença do fator econômico se apresenta de maneira central na histeria de retenção, na qual fica claro que o que está em jogo é a circulação, retenção ou descarga do afeto, que não encontrou ainda possibilidades de ab-reação. Por último, podemos encontrar uma correlação entre a dimensão dinâmica do aparelho e a histeria de defesa, onde se atribui ao conflito defensivo, ao jogo de forças, a condição patogênica. Em suma, o que Freud mostra é um aparelho psíquico que funciona movido por dissociações, por retenções e descargas de afeto e por conflitos, e não por dissociações ou retenções e descargas ou conflito.

Vejamos, então, se é possível reconhecer nas duas questões antes colocadas (catarse — ab-reação ou interpretação, associações e nexos; afeto ou representação) a existência de um falso problema (o afeto só é reconhecido quando ligado a uma representação e esta só é capaz de tomar a atenção quando investida pelo afeto), a presença de um movimento dicotomizador que começa com Freud e se exacerba depois, caso em que, talvez, hoje, as análises deveriam ser repensadas. Em suma: qual é nesta primeira etapa, o estatuto do afeto e da representação, quais são suas vinculações com o trauma (o afeto exacerbado pelo acontecimento externo ou a representação intolerável como condição traumática), e onde fica, nessa conjuntura, situada a interpretação[7].

Poderíamos pensar que 'Estudos sobre a histeria' aparece iluminado pela revelação, ou melhor, pela interpretação que Breuer faz do que permitiu a Anna O. eliminar seus sintomas. A palavra apresenta-se como a fórmula mágica vitoriosa. A famosa *talking cure*, assim denominada pela sua própria paciente, será capaz, sozinha, de deter neste primeiro momento o poder da cura. Breuer não pensa ter feito nada, 'além de ouvir a sua paciente'. Depois de ter relatado em estado hipnótico — dirá ele com certo espanto — os episódios que a atormentavam, ela pôde desvencilhar-se de seus sintomas. O êxito imediato atribuído à eficácia da palavra talvez tenha deixado sem palavras outros determinantes, ou pelo menos coadjuvantes, nesse processo. A razão busca a razão, e o afeto permanece encoberto.

Em notas diárias sobre o que chama 'seu primeiro ensaio' do método terapêutico, Freud nos relata com uma certa minúcia de expressão os sintomas padecidos pela paciente Emmy. Neles, nossos sentidos são atraídos para uma série de imagens visuais e fônicas: olhos semiabertos, olhar baixo, sobrancelhas franzidas, fala arrastada, voz baixa, gagueira, dedos entrelaçados e agitados, contrações em forma de tiques

---

7. Movida por indagações em parte similares às nossas, Monique Schneider (1994) explora, num percurso original (à medida que acompanha e aprofunda pontos de incoerência da 'retórica' freudiana, mais que o ideário 'coerente' que insiste em captar nossa 'atenção seletiva'), a articulação possível entre afeto e linguagem no itinerário dos primeiros trabalhos. Essas idéias juntamente com as expostas por André Green, em seu livro *O discurso vivo* (1982), funcionaram como uma das referências para o que se segue.

Do trauma à fantasia   3 5

e uma cena recorrente, de dois em dois minutos, na qual a paciente "... contrai seu rosto numa expressão de horror e repugnância, estende uma mão em direção a mim com os dedos abertos e crispados e exclama com voz mudada e cheia de espanto: 'Fique quieto! Não me fale! Não me toque!'. Encontra-se provavelmente — diz Freud — sob a impressão de uma terrorífica alucinação periódica e rejeita com tais exclamações a intervenção de toda pessoa estranha" (1895; p. 55).

A expressão de Emmy parece antecipar-se a qualquer relato, a qualquer queixa. Seu rosto, seus olhos, suas sobrancelhas, seus horrores, sua repugnância, delatam afetos que nem sempre a palavra transmite. Atrás deles, Freud coloca uma "alucinação terrorífica", uma representação que explica e suporta a dramaticidade expressiva: a representação como responsável pelo afeto, mais do que o afeto numa busca desvairada de uma representação que possa dar forma à angústia. No entanto, Freud, na nota 49 (1895; p. 68) desse mesmo caso, chama a atenção para esta possibilidade. Alguns pacientes, dirá, se vêem levados a uma espécie de "coerção associativa", pela qual acabam por enlaçar os afetos às representações disponíveis na consciência. Esse movimento, entendemos, acabará impondo ao tratamento uma 'temporalidade regressiva', uma busca do que só no passado se encontra.

Freud rastreia na história da paciente o afeto dominante, o seu susto. Na primeira sessão, as lembranças se encadeiam organizadamente sob a forma de incidentes traumáticos: o susto aos cinco anos, quando seus irmãos lhe jogavam bichos mortos; aos sete, quando viu uma irmã morta dentro do ataúde; aos oito, quando o irmão se disfarçava de fantasma; aos nove, quando frente ao cadáver da tia, a boca dele se abre repentinamente. Mais tarde, novos sustos aparecem: diante das imagens de um livro, retratando índios disfarçados de animais; frente à presença de médicos na sala do hospital; frente a uma cena na qual sua prima em pleno ataque é levada ao manicômio; quando vê sua mãe convulsionada, estendida no chão por efeito de um raio.

Pela hipnose, Freud tenta apagar as imagens terroríficas. É assim que, pela via do 'controle sugestivo' e pela 'descarga da excitação', espera uma mudança na qualidade da expressão afetiva (do susto ao riso por exemplo), ou a contenção do afeto: "Mando-lhe não assustar-se mais com as figuras dos índios. Devem causar-lhe riso..." (1895; p. 59), "Me esforço em retificar sua idéia dos manicômios e lhe asseguro que daí em diante poderá ouvir falar desse estabelecimento sem que isso suponha

36   *Além dos limites da interpretação*

relação alguma com sua própria pessoa" (*ibid.*; p. 59): noutras vezes a expectativa é que desapareçam as imagens associadas ao afeto ("Minha terapia consiste em desvanecer tais imagens de forma que não possam voltar ante seus olhos" (*ibid.*; p. 58), "Asseguro que não verá diante de si as imagens mais do que de um modo turvo e pálido" (*ibid.*; p. 59), "Apago a recordação plástica de tais cenas" (*ibid.*; p. 61) "... não somente desvanescendo a recordação plástica, mas expulsando de sua memória toda reminiscência como se jamais tivesse existido" (*ibid.*; p. 63). Dessa forma, Freud trabalha ou bem no plano da memória (da memória inconsciente?), e nesse caso nos perguntamos onde fica o afeto, uma vez que a representação se 'evapora', ou bem diretamente com o afeto, para que a representação perca seu potencial afetivo. Pela conversão, a representação consegue ficar livre do afeto; por outro lado, pelo trabalho terapêutico, Freud espera a supressão do afeto, "não sentirá mais tal coisa", por exemplo (e aí nos perguntamos pelo destino econômico e tópico do afeto) ou a transformação do afeto, como o do susto em riso. Supressão, expressão, conversão-deslocamento e transposição mostram-se como transformações possíveis para o afeto.

    O afeto se encontra, nesses primeiros trabalhos, associado especialmente à noção de quantidade ("quota de afeto", "carga de afeto", "descarga do afeto", "afeto estancado") e relacionado a um ato, a um movimento ou a uma atividade psíquica. A qualidade aparece, em relação à série prazer-desprazer, ligada estreitamente ao fator econômico. Assim pensado, um aumento da excitação será percebido como desprazeroso, enquanto uma diminuição da mesma excitação será prazerosa. Nessa acepção, o afeto parece ficar desprovido de um valor 'subjetivo', de uma 'tonalidade', que dá à energia uma certa condição qualitativa. Será, diz Green (1986), só mais tarde, nos trabalhos de metapsicologia e, mais especialmente, a partir de 1924, com 'O problema econômico do masoquismo', que Freud distinguirá, mais claramente, o aspecto 'subjetivo' do afeto dos processos energéticos que o condicionam, conquistando, por sua vez, esses dois aspectos (quantitativo e qualitativo) uma certa autonomia entre si. Embora já em 1905, com o conceito de pulsão, o afeto parecia ter saído do âmbito exclusivamente econômico para passar a ser a "expressão qualitativa da quantidade de energia pulsional" (Laplanche e Pontalis, 1968; p. 12), a distinção entre o caráter qualitativo e quantitativo do afeto permanecerá longo tempo nebulosa.

Do trauma à fantasia 37

No entanto, apesar disso, entendemos que Freud inclui nas suas descrições — o caso Emmy anteriormente citado é um exemplo — o aspecto qualitativo, sob a forma de transposição ou inversão do afeto. Mesmo assim, durante muito tempo, para Freud, os movimentos do afeto relacionavam-se, tanto na sua vertente quantitativa como na qualitativa, ao princípio do prazer-desprazer, ao aumento ou diminuição de tensão, ou seja, em definitivo, ao fator econômico. Apesar da mudança de 1924, as relações entre qualidade e quantidade ficam pouco claras, e ainda mais nebulosas quando se supõe que nem toda qualidade pode ser reduzida à quantidade; e quando se pergunta sobre a origem ou a gênese do afeto, sobre como a quantidade vira qualidade, e sobre as relações entre afeto e pulsão e entre afeto e desejo.

No caso Emmy, a trajetória do afeto não se focaliza totalmente nas conversões próprias da histeria. Ela também aparece, pelo menos parcialmente, na esfera psíquica: nas transformações de estado de ânimo (angústia, depressão, melancolia), nas fobias (medo às serpentes, aos sapos etc.) e nas abulias (1895; p. 79). Os sintomas surgem ou são intensificados pelo que Freud chama de acontecimentos traumáticos: quando lhe jogam bichos mortos, produzem-se nela desvanecimento e convulsões; quando quer pedir auxílio para sua prima em pleno ataque de loucura, perde a voz; quando se propõe a guardar silêncio, aparece um barulho com a boca. Quando a excitação psíquica se transforma em fenômeno motor, toma a forma de inibição dos órgãos vocais, como no caso da gagueira, de ativação, como nos tiques, ou de crispação dos dedos. Mostra-se aqui como o sintoma ocupa o lugar de uma resposta impedida, constituindo-se ele mesmo em resposta.

A idéia de deslocamento do afeto sugere um desabastecimento da energia dos conteúdos recalcados, os quais encontram na descarga pela via do sintoma uma forma de debilitar sua força. Mas se assim fosse, como poderia a representação inconsciente, tão carente de energia, continuar produzindo sonhos, atos falhos e sintomas? E se uma quota de afeto ficasse investida na representação inconsciente, não seria o caso de pensar em afetos inconscientes, para os quais a formação reativa e o sentimento inconsciente de culpa poderiam ser exemplos? Com a hipótese dos afetos pré-consciente — conscientes, não se colocaria em questão 'o inconsciente' como único eixo do processo terapêutico?

Sob a hipótese, então, de que a 'retenção de grandes magnitudes de excitação' era responsável pelo transtorno neurótico, o trabalho de desgastar as representações pela supressão ou pela descarga dos afetos, seja por sugestão ou ab-reação, definia a finalidade do trabalho terapêutico.

Embora os esforços de Freud girassem em torno da eliminação dos sintomas, pela via do desvanecimento da representação ou da supressão dos afetos, essa eliminação poderia acarretar como despropositada conseqüência um reforço das "lacunas da memória", pois, ao mesmo tempo em que podia destituir o sujeito de um fragmento pouco reconfortante da sua história, o privava, além do desconforto, da sua própria trama histórica: "... expulsando da memória toda reminiscência como se ela jamais tivesse existido" (1895; p. 63).

A expulsão das representações 'perniciosas' ou dos excessos dos afetos jogava fora produções do sujeito, que apesar de incompreensíveis, não deixavam de ser importantes e próprias. Eliminar o perturbador — fosse representação ou afeto — impedia reconectar o sentido, o pensado, o fantasiado, o vivido, nas redes das outras experiências intelectivas e afetivas. Neste sentido, com a expulsão e domínio de representações e afetos, parecia promover-se mais um trabalho de sufocamento do que de reconhecimento, de liberação ou de acolhimento. "No entanto", se perguntará Green — claro que muitos anos mais tarde — "o objetivo de uma psicanálise não é o de proporcionar a quem a ela se submete a maior parte recuperável de sua riqueza perdida?" (Schneider, 1994; p.13).

Os paradoxos presentes na análise — recordar para esquecer e 'liberar' para dominar — situam-nos no plano dos conflitos que atravessam o próprio psiquismo. A idéia de cura, pelo menos nessa primeira época, impõe a razão e o controle, num modelo semelhante ao do próprio recalque. Nessa hora, a psicanálise — impregnada pelos ideais da própria cultura, por uma ética que privilegiará o domínio (das pulsões) e o equilíbrio (dos afetos) — propõe-se-nos levar a bom termo o recalque.

Com a descoberta da resistência e com o trabalho que a partir dela se desenvolve, já não mais sob hipnose, nas 'trevas' do psiquismo, as análises serão menos ab-reativas, centrando-se mais na busca de acontecimentos. A definição do sintoma como "representante deformado de uma lembrança esquecida" proporá para o trabalho terapêutico substituir sintoma por lembrança, trazendo à memória as representações 'perdidas', incorporando no circuito mnêmico da consciência um conteúdo que ficou fora e que seu lugar 'vago' deu entrada ao sintoma. No contexto desse projeto, Schneider adverte para não se perder de vista "... as

Do trauma à fantasia 39

operações que se intercalam entre o sintoma fixado e a recolocação no circuito da representação esquecida. O caminho que conduz de um ao outro passa pela ab-reação e a descarga de afetos" (1994; p. 10). Amplificando esse processo de mediação, a autora coloca mais claramente os componentes em jogo, reivindicando então (no nosso entender) para o afeto, mais do que um papel secundário e subordinado à descoberta da representação recalcada, um papel determinante.

Não se trata de pensar que em Freud o afeto é desconsiderado; ele constitui um fator importante. Da idéia de que bastava que uma cena do passado fosse evocada para que os sintomas desaparecessem sem retorno à idéia de que "a mera recordação desprovida de afeto carece sempre de eficácia" (1895; p. 43), vê-se uma mudança: a preocupação crescente com respeito ao valor do afeto. Não obstante, ele será muitas vezes evocado como um excesso, como um mal a ser eliminado pela via da descarga (Schneider, 1994).

Parece interessante assinalar que, nesses textos, quando se fala de afeto, supõe-se sempre por detrás dele a presença de uma representação. No entanto, como tentarei analisar mais adiante (deixando-o, por enquanto, somente indicado), poder-se-ia pensar que não há representações sem afetos, mas que existe uma gama de afetos, de excitações, que não parecem contar com o aval da representação. Nesse sentido, Green (1982; p. 15) dirá: "... a impressão geral é a de que o afeto se dá às vezes em sua brutalidade — quero dizer, no estado bruto — sem que uma representação esteja ligada a ele". Como se a expressão afetiva pudesse ter uma origem mais arcaica, mais ininteligível, mais irrepresentável do que a suposta nesses trabalhos.

No caso de 'Miss Lucy R.', já está esboçada a idéia de um conflito de afetos — "o conflito dos afetos tinha elevado o momento à categoria de trauma" (1895; p. 95), de um debate psíquico que aponta para uma certa interioridade, no qual a cena externa presta-se para dar forma ao conflito. Contudo, é pertinente destacar dois aspectos, para os quais Schneider chama a atenção, que mostram as oscilações e os caminhos da busca nestes primeiros textos. Por um lado, o "poder alienante da exterioridade", que é apresentado na hipótese traumática e suportado numa causalidade originária pela qual um incidente externo, agressor, desencadeia a neurose; por outro, as conseqüências que essa concepção sugerirá para a terapêutica: perseguir a representação que sustenta o trauma e promover a catarse como forma de devolver ao mundo exterior um

4 0   *Além dos limites da interpretação*

excesso que, tal como um corpo estranho, habitava a 'interioridade', em conseqüência de um ataque externo. Se o mal vem de fora, é para fora que deve voltar, "... e é precisamente porque o mal está nessa agressão externa contínua que poderemos esperar retornar à exterioridade, pela rejeição catártica, o que vem essencialmente da exterioridade" (Schneider, 1994; p. 16).

Essa preocupação pelo interno-externo, mais tarde, a nosso entender, tomará a forma da questão fantasia *versus* realidade. Ela induzirá a posições que exaltam ou bem a importância da realidade externa, ou bem a da fantasia interna sem consideração pela realidade fatual. Mas seria importante pensar numa outra possibilidade, a da confluência do ataque externo com um ataque interno pulsional.

Nos primeiros trabalhos de Freud, destaca-se decisivamente essa exterioridade, 'é o acidente que provoca o sintoma', que em seu caráter intempestivo impede e paralisa qualquer reação. O trauma encontra-se vinculado, assim, ao fenômeno da descarga, à impossibilidade de reagir ao estímulo, e, nesse sentido, não é só o elemento externo que produz o trauma, mas também o interno que impede a reação: "o traumatismo inicial, seria, assim, menos o afeto excessivo que o afeto reduzido ao silêncio..." (Schneider; 1994, p. 45).

Vê-se, portanto, que não é só o estímulo, mas também o tipo de resposta, ou melhor, a sua falta, que constrói a situação traumática. "A intensidade do afeto enquanto tal não é suficiente para definir o traumatismo; é necessário explicar por que o ataque exterior não foi automaticamente seguido de um contra-ataque originado no sujeito. O contra-ataque teria, na realidade, escorraçado o afeto e impedido, no início, o desenvolvimento patogênico" (*ibid.*; p. 16).

A partir disso, deixamos em aberto a possibilidade de pensar mais detidamente as implicações e conseqüências do resgate de uma teoria do trauma. Mas não de um trauma forjado exclusivamente na exterioridade, que irrompe como corpo estranho, e que só consegue ineficientemente a descarga do excesso que produz através da formação de sintomas ou pela via da catarse, mas sim de um trauma de outra origem, de origem interna, pulsional, que compartilha com o anterior a característica de um impacto inacabado.

Nesse sentido, é possível pensar que não presenciamos a passagem de uma teoria traumática ("abandono da teoria traumática") para uma teoria da fantasia, e sim a passagem de uma teoria da sedução para

Do trauma à fantasia

uma teoria da fantasia[8] (com a ressalva que trabalhos do próprio Freud e de Laplanche contemplam), mantendo-se o conceito de trauma, sustentado agora na experiência traumática da fantasia e da pulsão, ou seja, pelo impacto produzido como efeito de uma intensidade afetiva, ou pelo "caráter inassimilável de uma situação".

A idéia de trauma — a partir de uma perspectiva clínica — parece ficar revitalizada a partir da necessidade de poder entender reações que escapam a um movimento de ligação, ou melhor, de interpretação. Como veremos mais adiante, o momento em que se colocou um impasse similar permitiu a passagem da primeira para a segunda teoria pulsional, propondo o conceito de pulsão de morte — entre outras coisas — para poder explicar a compulsão à repetição e a reação terapêutica negativa, pela qual o sujeito, longe de produzir mudanças pela via da análise, recrudesce em seus sintomas, resistindo a qualquer melhora, "preferindo o sofrimento à cura". Nesse sentido, parece que trauma e pulsão de morte guardam entre si uma relação. Ambos são convocados para poder designar algo que pela sua expressão (silêncio, tensão, afetos desproporcionados sem aparente ligação, e a própria repetição) parece ter ficado fora do princípio do prazer, do universo representacional, da 'inscrição' psíquica, da temporalidade.

É surpreendente como esse conceito de trauma, sob diferentes acepções — mas talvez não sob diferentes funções — vem ocupar um lugar cada vez mais preciso na literatura: denegação ou desmentido para Ferenczi, enigma para Laplanche, interdição para Silvestre, parada no trabalho de figurabilidade para C. e S. Botella e, quem sabe, o 'real' de Lacan. Talvez se possa pensar que essas posições espelham o enigma, a interdição, a impossibilidade de figurar, e o 'real' do trabalho de análise, ou seja, é o nosso 'trauma' que tentamos explicar.

Seja externa ou interna, a fonte do trauma parece revelar um evento que o psiquismo não consegue absorver, permanecendo numa suposta 'exterioridade', impedido de entrar em conexões e impondo-se em ato,

---

8. Não podemos deixar de assinalar que a "teoria da fantasia" não só não deixa de lado a teoria da sedução, mas a incorpora como cena fantasmática, junto a outras capazes também de "impacto traumático". Acreditamos que é isso o que Freud vai tentar destacar no "Homem dos lobos" quando vai atrás da "cena primária". Por outra parte, Monzani em seu livro *Freud: o movimento de um pensamento* (1989), também mostra, em sua elucidadora caminhada por vários textos, a dificuldade, ou melhor, a impossibilidade de falar do abandono da teoria da sedução.

42 *Além dos limites da interpretação*

porque não pode ser 'diluído' pelos deslocamentos e associações. Mas de que exterioridade se trata? César e Sara Botella (1983) vão dizer que o trauma fica fora da tópica e da dinâmica, fora dos processos primário e secundário, fora dos traços mnêmicos e acrescentam que, se o trauma fosse representação, não poderia ter real caráter traumático, possuindo, basicamente, um traço perceptivo. Parece-nos que essa 'desterritorialização' do trauma fora dos circuitos psíquicos o localiza nas marcas do corpo ou nas 'marcas' de um 'psiquismo não-inscrito'. No entanto, muitas vezes, parece que, mais do que falta de inscrição, o trauma possui uma inscrição muito intensa, mas cuja representação se torna vaga pelo afeto de grandes proporções. Fernando Pessoa, em *Poemas dramáticos,* evoca nitidamente esse sentido: "... Que foi que dissestes e que me apavorou? (...) Senti-o tanto, que mal vi o que era (...) Dizei-me o que foi para que eu, ouvindo-o por uma segunda vez, já não tenha tanto medo como dantes (...) Não, não (...) Não digais nada (...) Não vos pergunto isto para que me respondais, mas para falar apenas, para me não deixar pensar (...) Tenho medo de me poder lembrar do que foi..." (1976; p. 418).

Nem a reação motora, nem a atividade psíquica podem dar curso ao impacto que, nesse caso, a fala produz. De imediato, ele transborda o afeto e a representação existente, mas, sem palavras, fica imerso numa outra esfera, talvez recalcada ou renegada.

Mas qual será a fonte do trauma? O que é traumático? O excesso de excitação, a falta de representações para fazer frente ao impacto? O "fracasso nas ligações"? A tônica de atemporalidade e de inconclusão que caracterizam esses processos? "A fratura produzida no mundo das representações", a interdição, a denegação, o enigma, a falta? E se assim fosse, como se trabalharia com o trauma? Como seria possível interceptar o afeto desligado? Como inscrever os traços traumáticos nos sistemas de representações? Ou, tomando como referência a idéia de Botella, como operar um trabalho de figurabilidade na borda dos traços perceptivos? Ou como "... permitir que o acontecimento acabe de acontecer e se torne disponível para a simbolização e para a elaboração representativa" ? (Figueiredo, 1993; p. 50).

Dois interesses centrais acompanharam a exposição anterior. Um primeiro, que pretendia destacar aspectos que contribuíram para a passagem do método catártico para o método interpretativo, e um segundo, que pretendia ressaltar idéias como as do trauma e o papel destacado do afeto — presentes de maneira categórica nesses primeiros trabalhos — com o

Do trauma à fantasia

43

intuito de repensar seu valor, vigência e inserção na prática psicanalítica. Entendemos que a passagem da catarse à interpretação poderia ser pensada como a passagem do método pré-analítico ao método analítico; concomitantemente, podemos precisar a passagem da importância do trauma externo para a da fantasia, ou seja, do interesse pela realidade factual para a realidade psíquica, da ênfase colocada na exterioridade para uma interioridade fantasmática primeiro, e, mais tarde, fantasmática e pulsional. Poder-se-ia fazer a hipótese de que o movimento que vai da busca restrita da recordação até a interpretação se direciona de uma postura mais realista a uma postura mais construtivista, do resgate de um acontecimento real à produção de um sentido. A "metáfora de um corpo estranho", que se infiltra na interioridade e que precisa ser expulso pela rejeição, passará paulatinamente a ser substituída, em trabalhos posteriores, pelas idéias do conflito e do trabalho de elaboração.

A impossibilidade de submeter todos os pacientes à hipnose, a freqüente reaparição dos sintomas, a presença da resistência e a descrença na veracidade do acontecimento traumático começaram a corroer as bases do método catártico, forçando-o a sucessivas modificações.

Se para um sintoma histérico tivesse sido possível encontrar, pela via da hipnose ou da sugestão, uma lembrança à qual se pudesse atribuir sua origem, se se conseguisse pela ab-reação permitir a descarga da excitação a ela associada (no momento deslocada no sintoma), e, dessa forma, se eliminasse sem retorno toda e qualquer manifestação sintomática, o método catártico talvez tivesse sido mantido, mesmo suportando as dúvidas de se era a sugestão ou a ab-reação que produzia as modificações. Mas velhos sintomas voltavam e novos eram criados. Atrás da excitação não era uma, mas múltiplas cenas que se encontravam (pluralidade causal); atrás de um acontecimento, havia sempre uma outra cena na qual a segunda se apoiava (segundo tempo do trauma); no caminho à recordação havia, sem a hipnose, forças que se opunham a que o esquecido voltasse à consciência. Era necessário, então, encontrar um método que tivesse um alcance maior, que pudesse atingir as causas da formação sintomática e lidar com as resistências. O mero excesso de excitação, a realidade de uma cena traumática e a terapia catártica resultavam, já nesse momento, insuficientes como explicação e tratamento das neuroses.

Vemos que Freud, nesse momento, às portas da 'fantasia', negando o peso da realidade factual aos relatos e um tanto incomodado com a idéia de que no inconsciente não era possível discriminar realidade de fantasia, elimina de vez a cena de sedução e a idéia de trauma, tão convincentemente sustentadas em "A etiologia da histeria", (1896; p. 306-7) no qual fala com veemência de uma 'série de garantias da realidade' e 'autenticidade' das cenas infantis traumáticas.

Ainda que a fantasia comece a dominar o cenário da análise, não podemos deixar de lado passagens de textos posteriores, nas quais Freud rediscute a relação entre realidade e fantasia. Nas "Lições introdutórias à psicanálise" (1916-17), na lição XXIII, "Vias de formação dos sintomas", nos diz: "Os sintomas podem, portanto, corresponder ora a acontecimentos que ocorreram realmente (...), ora a fantasias dos pacientes..." (p. 2.352). E continua: "Experimentamos a impressão de que todos estes acontecimentos da vida infantil constituem um elemento necessário e indispensável da neurose, pois quando não correspondem à realidade, são criados imaginariamente (...) e não conseguimos ainda observar diferença alguma entre os efeitos dos acontecimentos reais deste gênero e os produzidos pelas criações imaginativas homólogas" (p. 2.354). Sete anos mais tarde, numa nota de 1924, ao texto anteriormente citado, "A etiologia da histeria", referindo-se à realidade dos acontecimentos, faz o seguinte acréscimo: "Tudo isto é exato, mas me faz pensar que na época em que foi escrito não tinha me libertado ainda de uma valorização exagerada da realidade e insuficiente da fantasia" (p. 307). Entende-se, assim, que ele nunca abandona o peso da realidade externa; entretanto, não mais resgatará a idéia do trauma, seja ele externo ou interno — tão decisivo numa época —, para pensar a questão da repetição e do sintoma neurótico.

Quando, em textos de Schneider (1994) e de Figueiredo (1993), discute-se a questão de que se o impacto traumático é produzido por uma intensidade excessiva do afeto ou por um 'obscuro representacional', ou, quando em textos de Birman (1993) fala-se sobre o caráter traumático da pulsão (para citar só alguns escritos contemporâneos que retomam essa temática), entendemos que o que está sendo prioritariamente colocado em questão não são as condições em que um evento adquire ou não estatuto traumático, mas a própria 'pertinência da idéia de trauma', e com ele, talvez, a da teoria do recalque como suporte para uma teoria do trauma.

A partir daqui, sim, poder-se-ia perguntar pelo que é o trauma, pelo que é efetivamente traumático: o afeto ou a falta de representa-

Do trauma à fantasia 45

ções? E também, pela metapsicologia que sustentaria o trauma, e pela necessidade ou não de reatualizar esse conceito tanto na teoria como na prática clínica.

A insistência na tentativa de um 'resgate' mais enfático da questão do afeto e do trauma vem da idéia de que parece haver algo no psiquismo ao qual atribuímos uma natureza traumática, seja por despertar um excesso de excitação incontornável em formas simbólicas, seja por carecer de representações ('obscuro representacional'), algo que escapa ao recalque, que escapa à possibilidade tradutiva (para a qual se pressupõe a presença de um texto), que não tem inscrição (enquanto letra), mas que tem marca, que volta na recorrência e na intensidade do sintoma (mais do que na expressão simbólica), e que tem uma origem essencialmente econômica, tal como Freud postulava nos seus primeiros trabalhos.

Pretender recolocar a questão do afeto significa tentar ficar mais atento para seus destinos e caminhos no processo analítico. Nem mais nem menos que para os destinos das representações. "Fazer consciente o inconsciente", corolário inquestionável da primeira tópica, deve poder dar lugar a uma prática que supere o primado da razão, da consciência e do controle dos afetos e que permita devolver à prática terapêutica o valor que estes afetos outrora tiveram. Quando Freud, nos primeiros textos e na primeira conferência das cinco pronunciadas na Clark University em 1909, fala do afeto enquanto determinante na patogênese e cura da neurose, dá uma prevalência indubitável ao fator econômico, às 'magnitudes deslocáveis', aos 'afetos estrangulados', aos processos anímicos saturados de afeto. Em que fator, mais tarde, se colocará esse peso fundamental (de causa da doença e motivo da cura) atribuído, neste momento, ao afeto? O que restará para ele, além de torná-lo 'civilizado', simbolizado, sob a exigência de "dar palavras ao afeto"? Em que medida, com o deslocamento desta importância para o campo das representações, o processo terapêutico corre o risco de assumir uma forma marcadamente intelectualizada? Não estaremos assim, de maneira solapada, subscrevendo e condenando, junto aqueles que antes de Freud olhavam a partir da platéia o cenário da histeria com desprezo e repugnância, aquelas formas contorcidas repletas de intensidades e afetos? Não estaremos promovendo, sob essa ótica, uma 'obsessividade' dos processos, deslocando então o afeto para o pensamento e a palavra, neurotizando (pacientes e terapeutas) 'autorizadamente' nos nossos cotidianos e nos nossos vínculos?

A "mania de saber", expressão de Berlinck (1994; p. 21), com a qual acreditamos que é possível definir seja um 'tique' ou mais impiedosamente um sintoma — dos que nascidos sob o império das 'luzes', sob o século da razão, enaltecem o saber e sepultam nas sombras o que imaginam ser o demoníaco, a desrazão, os afetos —, produz hoje cada vez menos contorções nos corpos e mais nos intelectos, que, enlanguecidos pelas acrobacias simbólicas, prestam tributo ao mundo das luzes com seu próprio sentir e com seu próprio corpo.

A segunda teoria das pulsões, como se verá mais tarde, é pensada entre outras coisas a partir dos fracassos terapêuticos. Ela vai ressuscitar, com a inclusão da pulsão no aparelho psíquico, a dimensão subversiva do afeto, que pela compulsão à repetição mostra não já um resto não ab-reagido de excitação vinculada a uma representação recalcada (suscetível de ser reduzida pela ab-reação) nem o efeito da insatisfação de uma fantasia inconsciente (possível de ser decifrada pela via interpretativa), mas um id sem representações, reduto da pulsão de morte e de intensidades ainda sem formas e sem ligações, que resiste ou não consegue encaixar-se nos contornos representacionais. É para essa dimensão afetiva, que entendemos escapar aos esforços interpretativos, que pretendemos dedicar uma atenção importante neste trabalho.

O que queremos destacar com tudo isso? Acaso reforçar uma suposta controvérsia assinalada por Schneider (1994; p. 30) entre "uma análise fundada sobre o discurso e agindo pelos efeitos de significantes e uma análise fundada sobre a dinâmica pulsional e os afetos que a sustentam..."? Ou, acaso, 'aposentar' a primeira tópica com um ínfimo salário pelos serviços prestados durante duas décadas, e reconhecer um valor exclusivo para a segunda tópica? De forma nenhuma, não é isso o que pretendemos. Não se trata nem de opor desejo sexual inconsciente (propulsor da primeira tópica e fundador da representação inconsciente) à pulsão de morte, desejo de destruição (introduzida junto ao jogo pulsional na segunda tópica), nem de opor representação e simbolizações ao afeto, nem a interpretação a qualquer outra coisa.

Trata-se simplesmente de redimensionar o afeto, que pela famosa frase "as histéricas sofrem de reminiscências" foi alvo, mas desta vez já não por parte das histéricas, de um estrangulamento.

Não será que a dificuldade, em Freud, de reconhecer os processos da transferência e da contratransferência traduz a dificuldade do

Do trauma à fantasia 47

reconhecimento do afeto na cena analítica?

Mas, mesmo assim, nos perguntamos se só o fato de tomar em consideração a transferência garante a consideração do afeto. Pensando-se — como às vezes se pensa — que a transferência é exclusivamente do paciente como a contratransferência é do analista (e em certos casos até pensada como efeito exclusivo de uma variável única) "... processos inconscientes que o analisando provoca no analista", (Laplanche e Pontalis, 1968; p. 83), não continuamos alheios ao campo das tensões da intersubjetividade e dos afetos singulares, co-produzidos na situação analítica? Não será que o mito da 'neutralidade' na análise, o imperativo de 'não responder à demanda do paciente', o 'enquadre' soberano sobre qualquer eventualidade, mesmo reconhecendo-os como valiosos dispositivos, não corresponderão a um projeto de assepsia afetiva, inspirado na aura das pretensões cientificistas? Nesse sentido, acredito que cabe lembrar as recomendações que Freud fazia no texto de 1912a, "Conselhos ao médico no tratamento psicanalítico", curiosamente publicado posteriormente ao artigo do mesmo ano "Dinâmica da transferência", no qual diz: "Procurem tomar como modelo durante o tratamento psicanalítico a conduta do cirurgião, que impõe silêncio a todos seus afetos e inclusive a sua compaixão humana, e concentrem todas as suas energias psíquicas para seu único fim: praticar a operação conforme todas as regras da arte (...) A justificação desta frieza de sentimentos que se exige do médico encontramos no fato de oferecer melhores condições para ambas as partes, assegurando ao médico a desejável proteção de sua própria vida afetiva, e ao doente, o máximo auxílio que hoje nos é dado prestar-lhe" (Freud, 1912; p. 1.656).

Esse parágrafo, de fato, coloca um pedido de cisão dos afetos, uma suspensão da pulsionalidade, dos desejos do analista e como 'objeto analítico' a figura exclusiva do paciente. Ainda que o texto seja quase dez anos anterior aos textos da segunda tópica onde o papel do 'outro' no processo de constituição subjetiva ganha corpo, cremos que essa concepção mais restrita do papel do analista não chega, em Freud, a mudar substantivamente. A segunda teoria pulsional e a segunda tópica, ainda que tragam uma reviravolta nas concepções teóricas, não produzem o mesmo efeito na prática clínica. O analista continuará sob a influência da primeira tópica, no lugar de intérprete, decifrando sentidos.

De nossa parte, coincidimos em um primeiro ponto com Green (1990) quando diz: "O objeto analítico é o objeto que resulta das trocas

48 *Além dos limites da interpretação*

entre analisando e analista" (p. 31) "... que a análise é conjugação de dois pontos: intrapsíquico e intersubjetivo" (p. 158). Mas ficamos distantes dele quando, de maneira surpreendente, depois de falar de afetos sem representação e da interação dialética evidente entre representação e afeto, frente a uma suposta fala: "Isso não se analisa, isso se sente", responde: "Ora, isso não é verdade. Se o senhor é analista, o senhor analisa (...) O senhor deve procurar analisar (...) Em um momento, ou noutro, o senhor vai dar uma explicação daquela angústia" (p. 208), como se a única forma de lidar com os afetos fosse pela explicação e pela análise, ou seja, pelo oferecimento de representações. Suspeitamos que cabe algo mais ao analista do que aquela função que pela via da palavra se exerce, oriunda, tal como esse mesmo autor aponta, citando Lacan, da função paterna. Será que não padecem esses processos de excessos de 'paternidade', excesso de normas, de 'legalidades', de linguagens verbais, de interdições, em quadros onde justamente supomos que (pelo menos nas neuroses) estamos diante de inflações super-egóicas?

Por enquanto, vamos deixar apenas colocadas essas questões, desenvolvendo-as, mais amplamente, no quarto capítulo. Nele, pretenderemos dar forma a algumas idéias sobre a função do terapeuta face à segunda tópica, tomando, a princípio, como eixo, uma questão que até o próprio Green insinua, mas não desenvolve, quando se pergunta sobre o *setting* enquanto "aplicação do modelo do sonho" ou enquanto "metáfora dos cuidados maternos".

Passaremos agora ao segundo capítulo, no qual esperamos diagramar a metapsicologia da interpretação, o processo de consolidação do método interpretativo e seus alcances na prática clínica.

Alcances da interpretação no processo de análise

2

Durante um bom tempo coexistiram no arsenal terapêutico os métodos catártico e interpretativo. No entanto, a utilização deste último tinha mais o sentido de uma tentativa de compreensão do que de produção de mudanças no psiquismo do paciente. Em pouco ou nada a interpretação psicanalítica se diferenciava de outras modalidades interpretativas, fossem religiosas, filosóficas, ou de qualquer outra ordem, que inundavam — e inundam — o cotidiano, com a necessidade quase imperiosa de atribuir razões e sentidos para as coisas.

Mas, desde então, a interpretação analítica adquiriu traços próprios. Como caracterizá-la diferenciando-a das outras interpretações? Em que medida é possível assinalar, para esse conceito, mudanças substantivas no decorrer dos escritos freudianos? Qual é a sua particularidade enquanto recurso por excelência da prática analítica? Quais são os suportes sobre os quais se sustenta? Qual é o seu campo de possibilidades, e quais os seus limites?

Num ensaio de 1903, intitulado "O método psicanalítico de Freud", Freud fala dele mesmo como o 'fundador da arte da interpretação'. Depois de apresentar o método, sucintamente, como aquela operação que tem por função extrair do 'mineral' representado pelas ocorrências involuntárias do paciente (associações, sonhos, atos falhos, erros da vida cotidiana) o metal 'precioso' das idéias reprimidas, sugere que não é possível especificar com maior precisão a interpretação, pois os detalhes dessa arte não tinham sido — ainda — publicados. Em 1903, poucos anos depois do abandono do método catártico, era possível pensar que a inexistência desse 'hipotético' texto se devia à falta de tempo, e que futuramente ele poderia ser escrito. Mas, para nossa surpresa, nos quarenta anos seguintes de árdua teorização, esse texto não foi escrito.

Sabemos que Freud se preocupou com a interpretação. Publicou a "Interpretação dos sonhos", reconhecido como paradigma do trabalho interpretativo, e apresentou dessa forma a analogia entre a maneira como se interpretam os sonhos e a interpretação dos outros produtos mentais encontrados na clínica. No entanto, nos perguntamos se não ficou teori-

50   *Além dos limites da interpretação*

camente negligenciado este chamado 'recurso primordial' da prática analítica. Será que com essa publicação de 1900 Freud deu-se por satisfeito no que precisava ser dito a respeito dela? Ou acaso poderíamos pensar que o valor atribuído à interpretação foi relativizado — como parece testemunhar o artigo "Construções em análise" (1937) — e com isso também se relativizou o empenho para tratar do tema? Ou a melhor forma que Freud encontrou para 'falar' da interpretação foi através da apresentação dos historiais clínicos, e que por isso só a leitura desses escritos poderia esclarecer-nos a respeito?

Por entender que não contamos nas *Obras completas* com um texto que sistematize as idéias sobre a interpretação, tentaremos, como primeiro ponto deste capítulo, rastrear esse conceito na obra de Freud, para, num segundo momento — sem perder de vista as perguntas acima formuladas —, localizar e debater o estatuto atual da interpretação no espaço da psicanálise contemporânea.

Neste trajeto inicial, tomaremos como referência para a reflexão especialmente três casos clínicos, o 'Caso Dora' (1905), o 'Homem dos ratos' (1909) e o 'Homem dos lobos' (1914-18). Apesar de, na apresentação, estarem as 'datas' presentes numa progressão visível, entendemos que os textos de Freud não guardam uma linearidade para a qual a cronologia poderia ser uma boa organizadora. Nem sempre o passado tem a 'mera' missão de explicar e dar sentido ao presente. Curiosamente, ele se presentifica, irrompe evocativamente, para, sem abolir-se, fazer parte do novo. É assim que, se as datas não nos acompanhassem nesse trajeto, às vezes teríamos sérias dificuldades em identificar a época de um texto em relação a outro. O movimento circular, num primeiro momento, pareceria precisar melhor essa dinâmica, mas não registra conjuntamente a presença do acontecimento anterior e do acontecimento novo; por isso a imagem de espiral de Laplanche, pensamos, deveria estar presente nesses caminhos 'sinuosos'.

A primeira citação vai então dedicada a um dos últimos textos, apontando para certos parágrafos que poderiam — sem muito exagero — estar inseridos nos "Estudos sobre a histeria" de 1895.

Em "Construções em psicanálise", de 1937, Freud faz referência à interpretação como aquele instrumento que, cumprindo as vezes de uma 'exploração arqueológica', 'vai atrás do esquecido', da "Pompéia psíquica" sepultada pela devastadora ação do recalque e mantida por camadas de censura longe da superfície da consciência. Encontram-se

Alcances da interpretação

aqui: a idéia da 'interpretação' como a de um processo que se orienta à 'emergência de um passado soterrado e conservado de maneira mais ou menos intacta' em alguma instância do psiquismo; uma determinada concepção de aparelho psíquico (que parece corresponder à da primeira época); um determinado conceito de recalque e inconsciente (metáfora da "Pompéia" que guarda de maneira indestrutível as lembranças); e, por último, uma 'determinada idéia do trabalho do analista' ('interpretar', como intervenção que vai do particular ao particular, e 'construir' ou 'reconstruir' o esquecido, seguindo as pistas dos fragmentos de lembranças, das associações e das repetições do sujeito), que mantém em linhas centrais muitas das idéias já presentes desde os primeiros trabalhos. A busca de uma realidade histórica (factual ou fantasiada), recordada pela via da interpretação, ou recriada pela via da reconstrução ou construção, nunca deixará de ocupar um primeiro plano no processo terapêutico.

No início do texto "Recordar, repetir e elaborar", Freud tenta claramente diferenciar, uma vez mais, o que chama de 'técnica atual' (onde se introduz de maneira clara a interpretação) daquela desenvolvida por ele e por Breuer, na fase inicial da psicanálise. Ouçamos: "No início, atendíamos diretamente à gênese dos sintomas e orientávamos todo nosso esforço à reprodução dos processos psíquicos daquela situação inicial, para conseguir sua derivação por meio da atividade consciente. A recordação e a derivação por reação eram os fins que então buscávamos com ajuda do estado hipnótico. Mais tarde, quando renunciamos à hipnose, colocou-se-nos a tarefa de deduzir das ocorrências espontâneas do analisando aquilo que não conseguia recordar. A resistência tinha de ser driblada pela interpretação e pela comunicação dos seus resultados ao paciente. Conservamos, assim, a orientação primitiva do nosso trabalho, voltado para aquelas situações nas quais surgiram os sintomas pela primeira vez, e àquelas outras que íamos descobrindo à medida que emergia a doença; mas abandonamos a derivação por reação, substituindo-a pela tarefa que o paciente devia levar a cabo para dominar a crítica contra suas associações, em observância da regra psicanalítica fundamental que lhe era imposta. Por fim, ficou estruturada a *técnica atual*, na qual prescindimos de uma orientação fixa sobre um fator ou um problema determinado, nos contentamos em estudar a superfície psíquica do paciente, e *utilizamos a interpretação para descobrir as resistências* que nela emergem e comunicá-las ao analisando.

Estabelece-se assim uma nova divisão do trabalho. O médico revela ao paciente resistências que ele mesmo desconhece; uma vez vencidas, o sujeito relata sem esforço algum as situações e relações esquecidas. Naturalmente, *o fim destas técnicas tem permanecido o mesmo: descritivamente, a supressão das lacunas da memória; dinamicamente, o vencimento das resistências da repressão"* (Freud, 1914; p.1.683, itálico nosso).

Até aqui (1914), poderíamos dizer — tal como pretendemos ilustrar com os casos clínicos — que, embora o propósito de vencer as resistências esteja presente como pano de fundo constante à tarefa interpretativa, ela pode ser pensada numa tríplice vertente: uma primeira, orientada ao resgate das lembranças recalcadas, num inconsciente povoado de acontecimentos traumáticos (inconsciente herdado dos primeiros trabalhos); uma segunda, a serviço do deciframento de um inconsciente repleto de desejos e fantasias (inconsciente por excelência da "Interpretação dos sonhos", que se expressa de preferência nos simbolismos); e uma terceira, a serviço da análise da repetição, daquilo que se atualiza na relação de transferência, e que aponta para um inconsciente alimentado por pulsões, além de desejos, fantasias e acontecimentos.

Com isto, não pretendemos dizer que o trabalho de interpretação tenha assumido em Freud decididamente uma ou outra forma; todas elas, por um lado, se combinam quase indiscriminadamente, mas, ao mesmo tempo, separadamente parecem encontrar nas diferentes orientações teóricas pós-freudianas seu próprio peso (por exemplo, na busca kleiniana de uma matriz das relações de objeto na transferência, na busca prevalente do desejo nos lacanianos etc.).

O 'Caso Dora', tratamento realizado em 1900 e publicado em 1905, extrai sua relevância da problematização que nele se faz da transferência. Transferência e interpretação vão encontrar nesse texto sua articulação, na medida em que também se articula a transferência com a resistência e a repetição.

O conceito de transferência já estava presente cinco anos antes, em "Estudos sobre a histeria", trabalho importante, em que Freud sistematiza o 'método psicoterápico' desenvolvido até essa época. No entanto, nessa primeira aparição do conceito, a transferência é colocada como um sintoma, como um deslocamento de afetos, como efeito de um falso enlace, como interferência, como obstáculo para a cura, e ainda que não

Alcances da interpretação   53

apareça com a importância e com a potência que se lhe atribuirá posteriormente, vai anunciando a relevância da relação médico-paciente no tratamento.

Até então, embora a interpretação começasse a aparecer em cena, seu alvo ainda se situava longe da transferência, e não tinha um peso maior do que outras intervenções. Sua função era basicamente explicativa. A partir de 'Elizabeth von R.' e já contando com a idéia da defesa, tratava-se de buscar um motivo, presumivelmente inconsciente, um trauma, um desejo sexual recalcado, um 'significado', que ao mesmo tempo que pudesse explicar o sintoma, pudesse também, ao torná-lo consciente, desmantelá-lo. A escuta de Freud parecia orientada por um raciocínio lógico, fazer consciente um elemento 'faltante', cuja inclusão pudesse oferecer uma 'solução' satisfatória.

Detenhamo-nos de passagem em algumas intervenções de Freud presentes no quadro de "Estudos sobre a histeria", sustentadas ainda numa postura que revela, em nosso entender, uma modalidade mais dedutiva do que analítica, mais intuitiva do que associativa, e uma escuta mais referencial e descritiva do que exegética[9]. Esses exemplos nos mostram a interpretação destinada à busca do acontecimento traumático, de um desejo ainda estreitamente vinculado ao acontecimento, e do deciframento do caráter simbólico dos sintomas. Em 'Lucy R.', Freud dirá: "Do fato de que Miss Lucy R. sucumbisse no momento de referência à conversão histérica, *deduzi* a *conclusão* de que entre as *premissas* do trauma devia existir uma que ela silenciava, ou deixava na escuridão, voluntariamente, esforçando-se para esquecê-la. Vinculando seu carinho às meninas com sua susceptibilidade com respeito às pessoas da casa, só cabia uma *interpretação*, que teve coragem de comunicar à paciente: Não acredito — falei — que todas essas razões que me deu se-

---

9. Essa diferenciação entre dois tipos de escuta encontra-se bem diagramada num artigo de Richard Preschel, "Fundamentos retóricos da escuta analítica" (1985). Ele atribui à escuta referencial um interesse naquilo que a linguagem informa, descreve, refere. A escuta referencial, acrescentará, "... interessa-se nos fatos e nas coisas mesmas e não na forma em que eles são descritos... supõe uma univocidade semântica das palavras. O analista não se interroga, e interroga o analisando pelo sentido das palavras que utiliza (...) o que o analisando quer dizer e o que o analista entende são uma e a mesma coisa". A diferença, a escuta exegética "pressupõe a bivocidade semântica do discurso. Para este tipo de escuta, o que o analisando diz tem dois sentidos: um manifesto e consciente e outro latente e inconsciente". Nesse tipo de escuta o analista encontraria (enquanto tradutor) sua função de intérprete.

jam suficientes para justificar seu carinho para com as meninas. Suspeito, então, que você se encontra enamorada do pai delas, talvez sem percebê-lo, e que você alimenta a esperança de ocupar de fato a vaga da mãe falecida" (1895; p. 96, grifo nosso).

Freud busca aqui uma representação que, havendo sido expulsa da consciência por causa de um "conflito de afetos", tivesse utilizado sua carga para os fins da conversão. A *interpretação* pretenderia, então, trazer de volta para a consciência essa representação, debilitando o sintoma pela retirada da energia que se reconduziria novamente até a representação.

Algumas coisas, no entanto, chamam a atenção: "Sim, acho que você tem razão", diz a paciente. "E se você sabia que amava o pai das meninas, por que não me falou?", indagou Freud. Lucy então respondeu: "Eu não sabia até agora, ou melhor dito, não queria sabê-lo, queria tirá-lo da minha imaginação, não queria voltar a pensar mais nisso, e acredito que nos últimos tempos tinha conseguido"(Freud, 1895).

Podemos chamar a esse mecanismo recalque?

Nesse diálogo, aquilo que Freud revela não parece apontar para uma idéia inconscientemente recalcada. Ela aparece sem grandes resistências, talvez, porque se trata de uma idéia que, embora goze de inconsciência, não é topicamente inconsciente, até porque no inconsciente o que temos mesmo é a 'representação de coisa' mas não a idéia [10]. Mas, se não se trata aqui do recalque da representação, que mecanismo está presente? No trabalho "O inconsciente" (1915c), Freud problematiza a questão de onde se origina um ato psíquico. Embora o termo 'geralmente' preceda a sua conclusão — o que de alguma forma restringe o campo do absoluto — dirá que a primeira fase de um ato psíquico é inconsciente e que só depois de atravessar a censura pode fazer parte da consciência, ou melhor, do pré-consciente. O que poderia ser dito, nesse sentido, do caso Lucy? Mesmo que o ato, ou digamos desejo, tivesse tido sua origem no inconsciente, antes de qualquer intervenção de Freud, ele já tinha feito sua inclusão no pré-consciente. O que parece que Freud

---

10. Se bem que na definição de "representação coisa" (marca mnêmica) encontramos que o sistema inconsciente só aloja a representação coisa (especialmente visual), diferentemente do sistema pré-consciente que aloja a representação palavra (essencialmente acústico), na explicação do mecanismo de repressão será dito que essa operação coloca no inconsciente pensamentos, imagens e lembranças (Laplanche e Pontalis, 1977; p. 390).

Alcances da interpretação

faz, com seu "... você se encontra enamorada do pai das meninas", não é trazer algo que estava no inconsciente, mas *levantar um afeto reprimido*[11], autorizar um sentimento, que legitima por meio da sua verbalização, permitindo assim um trânsito mais livre com outras idéias.

Embora possa parecer prematuro indagar sobre a interpretação a partir de uma intervenção que talvez em sentido rigoroso não o seja, gostaríamos de perguntar: em termos de metapsicologia, qual é o caminho que a interpretação, ou pelo menos que *essa* interpretação, facilita? Se considerarmos que o que está em jogo é o recalque, a interpretação desperta e atrai por analogia e por associação uma idéia inconsciente para a consciência? Ela traslada a representação inconsciente para a consciência por um deslocamento de carga, ou por uma mudança de qualidade da representação-coisa para a representação-palavra, fazendo pensar em qualidades de energia diferentes que investiriam as diferentes representações? Assim se coloca novamente a pergunta que persiste: como a quantidade

---

11. Já estávamos quase passando da hora de diferenciar recalque de repressão. Entre esses dois termos colocam-se questões de tradução e de conceito. No que diz respeito às de tradução, vemos que em espanhol encontramos os termos repressão e supressão. No dicionário de Laplanche e Pontalis, por repressão se entende aquela "... operação pela qual o sujeito tenta afastar ou manter no inconsciente representações (pensamentos, imagens, lembranças) ligados a uma pulsão. O termo supressão, no entanto, será utilizado para referir-se ao destino do afeto (não da representação). Essa operação possui um caráter consciente, localizando o efeito da supressão no pré-consciente e na consciência. O afeto "... não é passado para o inconsciente, ele fica inibido, abolido" (Laplanche e Pontalis, 1968; p. 443). Dirão também Laplanche e Pontalis, no mesmo dicionário, que em alguns textos traduzidos do inglês se encontra erroneamente a tradução *Verdrängung* (que seria supressão), por repressão, utilizando *Unterdrückung* para supressão. "Mas — continuarão — a tradução da palavra inglesa *repression* pela francesa *répression* não é justificada pois o termo francês *refoulement* está consagrado e é satisfatório, enquanto o termo francês *répression* tem já um emprego corrente que corresponde muito bem ao alemão *Unterdrückung*. Com essas distinções chegamos a André Green em *O discurso vivo*, onde aparece utilizada a palavra repressão referindo-se ao que já definimos como sendo supressão. Dizendo que enquanto o recalque tem mais uma finalidade que remete ao conteúdo, repressão diz respeito apenas ao afeto. Dirá que no capítulo VII da "Interpretação dos sonhos", numa nota, Freud acrescenta: "Omiti dizer que diferença fazia entre as palavras 'reprimido'e recalcado (*unterdrückt e verdrangt)*, o leitor compreenderá que a segunda acentua mais o caráter inconsciente". No entanto, consultando a citação na Edição da Biblioteca Nueva, na pág. 712, encontramos que a tradução é: "Omiti aclarar que se dava um significado diferente às palavras 'supressão' e 'repressão'...".
Embora a tentação em usar indiscriminadamente as palavras recalque e repressão seja grande, a partir do colocado, reservaremos este último termo para o destino do afeto (operação que acontece no nível do pré-consciente e da consciência).

5 6   *Além dos limites da interpretação*

vira qualidade, como a energia, o afeto, se modificam pela palavra? Por acaso, é de se esperar que, pelo oferecimento de uma representação verbal, fique extinta do inconsciente qualquer marca[12]?

A recordação do fato traumático e as intervenções (sejam elas sugestões, explicações, perguntas, interpretações) orientadas para a descoberta desse fato modelam o processo terapêutico. Depois de perceber a confluência de "pequenos traumas secundários" que faziam persistir o símbolo mnêmico (cheiro de farinha queimada), e chegar ao que Freud denomina a cena do "trauma verdadeiramente eficaz", os sintomas da paciente se dissolvem.

O sintoma parece então oferecer uma continuidade num espaço onde, por força do recalque, abriu-se uma greta. Essa idéia recalcada deixa em seu lugar um símbolo mnêmico que, pelas relações com a idéia que substitui, permite dar continuidade a cadeias que, de outra forma, ficariam cortadas. O símbolo permanece unido, dessa forma, àquilo que representa. O cheiro de farinha queimada, mais tarde substituído pelo de tabaco, fica como símbolo, seja de uma idéia penosa recalcada — "o pai das meninas não abrigava por ela nenhum sentimento carinhoso" —, seja de um desejo proibido que deixa a excitação e os afetos (depositados agora no sintoma) sem objeto.

Um dos pontos de maior aproximação dos sintomas com o sonho (e que vincula os trabalhos de interpretação dos sonhos e dos sintomas) encontra-se justamente no caráter simbólico de suas apresentações. O sintoma 'fala', mas não na linguagem verbal dos pensamentos, do pré-consciente, da consciência, mas na linguagem plástica do inconsciente, da representação de coisa, das imagens alucinatórias dos sonhos. É uma linguagem 'pictórica', onde a palavra falta. Absurdo, como muitas vezes se apresenta, e sem expressar diretamente seu sentido, o sintoma convida à interpretação, ao deciframento. "A linguagem", diz Ricoeur (e aqui entra a linguagem dos sintomas e dos sonhos) "é antes, e na maioria das vezes, distorcida, quer dizer outra coisa do que aquilo que diz, tem um duplo sentido, é equívoca (.....) Chamamos símbolo, dirá

---

12. Nessas perguntas estão implícitas, de certa forma, as colocações de Freud sobre a "tópica dos atos anímicos", expostas no trabalho "O inconsciente" (1915), onde define a hipótese tópica (hipótese da dupla inscrição que admite a possibilidade de uma idéia existir simultaneamente em dois lugares do aparelho psíquico, sem perder sua primeira residência ou inscrição) e a hipótese funcional (sustentada por uma mudança de estado da idéia que tem efeito no mesmo material e na mesma localidade).

Alcances da interpretação 57

mais tarde, a essa região do duplo sentido" (Ricoeur, 1977; p.17). O autor chamará de "interpretação" a inteligência do duplo sentido, do deciframento de símbolos, "como retomada ou restauração do sentido", de um sentido desfigurado para camuflar o desejo. Portanto, o que estará por trás do duplo sentido, o que dará sentido a esse sentido, será o desejo: primeiro sob a forma de um afeto não ab-reagido, de uma "vontade contrária", de "um ataque como substituição de uma satisfação autoerótica", e, mais tarde, de uma fantasia.

Em 'Catarina', Freud dirá: "A sintomatologia histérica pode comparar-se à de uma escrita hieroglífica que tivéssemos chegado a compreender depois da descoberta de alguns documentos bilíngües; no alfabeto, os vômitos significam repugnância. Assim falei a Catarina: O fato de que três dias depois você teve vômitos repetidos me faz supor que, ao ver o que estava acontecendo no quarto da sua tia, você sentiu nojo" (1895; p. 103-4). Freud continua nos mostrando em outros casos a eficácia do simbolismo como forma de expressão de conflitos, e a sua "tradução" verbal como forma de eliminá-los. Em Elizabeth, ele dirá que a paralisia expressa a presença de pensamentos dolorosos, de impotência e a sensação de "não poder dar um passo a mais". Em Cecilia M., a nevralgia facial desaparece depois que a paciente, relatando a Freud um fato que ele aponta como traumático, e levando sua mão à bochecha, exclama: "Foi como se tivesse levado um tapa" (*ibid.*; p. 134). O sintoma parece assim *materializar um afeto*, tira a metáfora da linguagem, concretizando-o no seu sentido literal. É como se, de fato, a função simbólica fracassasse, ficasse ineficiente, entre parênteses, pelo impacto do afeto. O tapa nesse caso não é 'como se fosse'; ele passa a ser, deixando marcas no concreto. Trata-se, então de devolver a conversão à metáfora, restituindo assim flexibilidade e afeto à linguagem.

Antes de chegar a Dora, alguns elementos importantes precisam ainda ser colocados: a fantasia, que uma vez responsável pela formação de sintomas, vai deslocando a posição ocupada pelo acontecimento traumático; a 'descoberta' do Édipo, que vai ser o grande organizador do campo da fantasia; e as contribuições da "Interpretação do sonhos": a idéia, já acariciada desde muito antes, do sonho e do sintoma como expressão do desejo, e a formação do sonho e do sintoma como regidos pelas leis do processo primário, que vão sugerir o acesso ao desejo pelo caminho inverso.

Já em abril de 1897, na correspondência a Fliess, Freud vai falar da necessidade de incluir o conceito de fantasia. Nesse momento, ela se apresenta como barreira de acesso às cenas do passado, "estruturas protetoras, sublimações dos fatos, embelezamento deles e, ao mesmo tempo, servem para o alívio pessoal" (1887-1904; p. 240). No 'Rascunho L' acrescentará: "... são fachadas psíquicas produzidas com a finalidade de impedir o acesso a essas recordações (...) são fabricadas por meio de coisas ouvidas e usadas posteriormente, assim combinando coisas experimentadas e ouvidas, acontecimentos passados (da história dos pais e antepassados) e coisas que foram vistas pelas próprias pessoas" (*ibid*.; p. 240). Nos meses subseqüentes — até a carta de 21 setembro de 1897, onde o salto apontado em "não acredito mais na minha neurótica" se reflete no detonante título que o encabeça, como 'A teoria transformada' — Freud se preocupa em destrinchar essa nova ocorrência. Pensa na relação entre fantasia e realidade, entre fantasias e impulsos, e aprofunda a idéia da formação de sintomas como efeito das fantasias recalcadas. As fantasias parecem trazer assim algo importante e novo, mas mostram-se também como anteparo de uma clínica que para Freud trazia indícios de frustração e esvaziamento. Ao contar de onde derivavam as razões da descrença na "sua neurótica", entre outros motivos, enumera: o desapontamento contínuo nas tentativas de levar uma única análise a uma conclusão real; a saída de pessoas que, por algum tempo, tinham estado aferradíssimas (à análise); (e) a falta de sucessos absolutos com os que já havia contado (*ibid*.; p. 265). A esta altura, é interessante ousar perguntar-nos de que 'fantasia' Freud extrai a "teoria da fantasia"; do que essa teoria tem que dar conta, além das frustrações e das 'debandadas', pela qual ela se torna magnânima e ao mesmo tempo redutora?

Em textos posteriores, como em "Fantasias histéricas e sua relação com a bissexualidade" de 1908, Freud, não muito propenso a relativizar, consolida o estatuto da fantasia, dizendo de maneira tão categórica quanto antes se pronunciava em relação às cenas traumáticas[13]: "Todos os ataques histéricos que até hoje consegui investigar demonstraram ser encenações desta ordem (referindo-se às fantasias) involuntariamente emergentes". É a partir daqui que a fantasia vai gradativamente se deslocando para o lugar central, que até então era atribuído ao acontecimento traumático.

O conceito de 'complexo de Édipo' (que como expressão só aparece nos escritos de Freud mais tardiamente, em 1910), poderíamos di-

---

13. Na carta a Fliess de 2 de maio de 1897, Freud dirá "... adquiri uma noção segura da histeria, tudo se remonta à reprodução de cenas do passado"(p. 240).

Alcances da interpretação   59

zer, se entrelaça nas cartas a Fliess com o conceito de fantasia. No entanto, ele chega a tomar uma forma mais concreta quando o conceito de fantasia se afirma. É por essa razão que faz sentido a idéia de que a descoberta da fantasia descortina o Édipo e a sexualidade infantil. Mesmo sustentando um valor semelhante para a realidade externa e para a realidade psíquica, a primeira conterá um peso mais aterrador do que a fantasia. Diz Freud, em outras das razões pelas quais rejeita o acontecimento real a favor da fantasia: "Depois, a surpresa de que na totalidade dos casos, o pai, sem excluir o meu, tinha que ser acusado de perversão..." (*ibid.*; p. 265); acrescentaríamos que era mais fácil acreditar na fantasia. O peso atribuído à cena real, talvez agravada pela simultaneidade de sua auto-análise, faz com que abandone uma linha de pensamento que só mais tarde, de forma suavizada, retoma (não mais na figura do pai, mas na da mãe), e que Laplanche, muito depois, no nosso entender mais enfaticamente, desenvolve sob a forma da "teoria da sedução generalizada".

As hipóteses forjadas nessa situação triangular — que contemplam os desejos, as identificações, os amores, os ódios, os ciúmes, as ambivalências que conduzem a definir as escolhas de objeto — estarão presentes numa espécie de "teoria flutuante", como adubo das interpretações.

O 'Caso Dora' traz, pela primeira vez juntos, a fantasia, o Édipo e a transferência.

Como vimos, Freud já havia se aproximado desse último conceito, o de transferência, alguns anos antes, no trabalho "Estudos sobre a histeria", quando tentou analisar atitudes da relação médico-paciente que poderiam conduzir a um reforço ou a uma quebra das resistências. Nessa oportunidade, dizia que essas resistências se aguçam em três situações: quando a paciente se sente descuidada, menosprezada ou ofendida pelo médico ou ouviu algo contrário ao tratamento; quando a paciente é presa do temor de ficar ligada em excesso à pessoa do médico, e quando se atemoriza ao ver que *transfere* para ele representações incômodas emergidas durante a análise. Neste momento, a transferência refere-se à idéia de um equívoco, de um "falso enlace", mais do que a de uma verdadeira revelação, pela repetição, da realidade psíquica da paciente (1895; p. 166).

Embora Freud não deixe de apontar outros fatores como responsáveis pela neurose, como por exemplo quando diz que a "teoria não deixa de assinalar a base orgânica da neurose" (1905a; p. 997), o Édipo

60   *Além dos limites da interpretação*

e a transferência irão mostrando a importância decisiva do 'outro' e da intersubjetividade no processo de doença e cura. É por isso que as figuras parentais estarão presentes de maneira central nesse tratamento — e nos seguintes —, assim como a figura do terapeuta, especialmente no epílogo deste caso, quando Freud tentará dar conta de seu "fracasso". Numa frase afirmativa, nesse sentido, dirá: "O retardamento na cura ou o alívio tem efetivamente sua causa na própria pessoa do médico" (1905; p. 998), destacando dessa forma o papel prioritário que assumirá o terapeuta, mas ainda numa posição inclinadamente mais reservada ao deciframento e à revelação da resistência do que a uma posição de implicação vivencial na relação transferencial-contratransferencial[14]. Por isso, ainda que concordemos com Birman (1976) em que a transferência faz uma ruptura com a concepção racional do processo terapêutico, trazendo à tona o campo da intersubjetividade e, com ele, a recolocação do objeto da análise, pensamos que neste trabalho essas dimensões — que entendemos vão alcançar maior expressão só mais tarde, com a inclusão da contratransferência —, ainda não estão colocadas. Do que Freud se recrimina no 'Caso Dora' é ter deixado de lado indícios transferenciais que apontavam — pelo desejo de vingança — para um iminente abandono. Ter atraído a atenção para o vínculo transferencial, que mostrava o deslocamento do vivido com o Sr. K., teria impedido segundo Freud a intempestiva interrupção da análise: "... a transferência me pegou desprevenido, e por causa de um 'algo' em que eu lhe recordava K., Dora fez recair sobre mim a vingança que queria exercitar contra K. e me abandonou como ela acreditava ter sido enganada e abandonada por ele. A paciente *atuou* assim, de novo, um fragmento essencial de suas lembranças e fantasias, em vez de reproduzi-lo verbalmente no tratamento" (1905; p. 1.000).

Entendemos que a transferência se apresenta aqui como uma expressão sintomática própria da situação analítica, ora como satisfação substitutiva, ora como reedição do trauma, ou simplesmente como expressão de relações e conflitos que perpassam e organizam a vida do sujeito. Ela infiltra-se de maneira tão constante quanto sub-reptícia em todas as manifestações, nas falas, nos atos, alimentando-se de pulsões insatisfeitas, recalques, deslocamentos e "automatismos repetitivos" que

---

14. Queremos assinalar que este termo "contratransferência" e a concepção que ele envolve aparecerão só uns dez anos depois do atendimento de Dora, no trabalho intitulado "O porvir da terapia psicanalítica"(1910).

Alcances da interpretação 61

incluem, já nesse caso, no nosso entender, como veremos mais adiante, as pulsões de vida e morte.

Se a sexualidade, como Freud diz no epílogo desse tratamento e em sucessivos trabalhos, é a chave do problema da psiconeurose, poderíamos pensar (depois da segunda teoria das pulsões) que ou a pulsão de morte é também sexual, ou que estamos em presença de algo não sexual que provê, de maneira determinante, sua força para o sintoma.

É interessante que, quando Freud tenta entender a causa dos resultados insatisfatórios do tratamento, apelará — segundo entendemos — a uma idéia na qual as pulsões sexuais ficam distantes de uma possível responsabilidade. Com efeito escreve: "... resultados satisfatórios se conseguem sempre que os fenômenos patológicos são mantidos exclusivamente pelo conflito interno entre os impulsos de ordem sexual. Nesses casos — acrescenta —, vemos melhorar os pacientes na mesma exata medida em que vamos contribuindo à solução de seus conflitos psíquicos por meio da tradução do material patogênico em material normal. Por outro lado, aqueles outros casos em que os sintomas entraram a serviço de motivos exteriores da vida, como nos de Dora durante os últimos anos, seguem um curso muito diferente" (1905; p. 998, grifo nosso). Em que medida, nos perguntamos, quando Freud fala aqui de fenômenos que se localizariam fora do "conflito interno entre os impulsos de ordem sexual", de *motivos exteriores da vida,* não está insinuando já o que mais tarde será postulado sob a forma da pulsão de morte, pulsão que, ao mesmo tempo em que carece de representação se opõe ao processo de cura? Pareceria estar colocado embora de forma sutil, mas nem por isso menos expressiva, a idéia de que a "solução dos conflitos por meio da tradução do material patogênico" (quer dizer, da interpretação) estaria reservada para aqueles conteúdos que, "ao serviço da vida", encontraram uma forma de representatividade e ligação.

Com a discussão da transferência, Freud insistirá não só nos fatores que possibilitam o processo de análise, mas naqueles que se opõem a ele, tema este que desenvolve mais detidamente, anos mais tarde, no trabalho "Análise terminável e interminável" (1937), quando tentará analisar os fatores que prolongam a duração do tratamento.

Freud chama a atenção para o fenômeno que opera na transferência: uma rememoração que, ao ser colocada em ato, impede seu devir consciente. Dessa forma, a pulsão, como Birman (1982) dirá, em vez de ser restaurada no plano da representação se realiza como ato na relação com o analista. Nessa versão da transferência como sintoma, como retorno do recalcado em ato, a repetição nega, ou melhor, omite o sentido à 'lembrança' que, desprovida de simbolizações, se atualiza na revivência. Nos perguntamos se, sob a idéia de um retorno do recalcado, poderíamos entender a transferência no eixo exclusivo do prazer (no qual a vida erótica encontra uma possibilidade substitutiva de satisfação)? ou seria melhor pensá-la como efeito da repetição do retorno de uma marca, de uma cena que, por carecer de representação, ou por ter ficado intensamente colada (sem possibilidade de se locomover) a uma representação (cena traumática), volta a se instalar até que seja possível recobrar sentido e mobilidade? Perguntamo-nos também se uma concepção assim (a transferência como expressão da pulsão de vida, ou a transferência como expressão da pulsão de morte) não reforça a idéia da dualidade pulsional, quando essa dualidade talvez possa ser colocada — pelo menos no fenômeno da transferência — em questão? Tomando como referência o escrito por Freud em "Além do princípio do prazer", Birman, em "Freud e a interpretação psicanalítica", dirá: "Transferência e repetição lutam como gigantes na relação com o Outro. A transferência representa Eros, a força mítica de ligação, de reunião do que é fragmentado, enquanto a compulsão à repetição representa Tanatos, a força mítica que impede a ligação, obstaculizando a possibilidade da relação com o Outro" (1989; p. 228-9). Mas a repetição não é uma forma de transferência e a transferência não é ao mesmo tempo repetição? Ou, por acaso, a repetição não estaria mostrando exatamente o que não é possível transferir?

Se assim fosse, bastaria a Freud dizer para Dora o que ele imaginou como interpretação: "Agora você realizou uma transferência de K. para minha pessoa. Você percebeu algo que a levou a deduzir que eu abrigo em relação a você más intenções, análogas (diretamente ou por sublimação) às de K., ou observou em minha pessoa, ou soube algo de mim que fosse sua inclinação, como antes em K." (1905; p. 1.000)? Ou isso seria insuficiente, porque só ajudaria a constatar, a saber, até a impedir nesse momento particular a atuação, mas não levaria a recompor o estilo de circuito libidinal que facilitou a interrupção?

Com esse caso, delineiam-se várias questões importantes, enquanto outras ficam pendentes. Com respeito às primeiras, vemos o papel central que vai assumindo o conceito de transferência no processo terapêutico, papel que alcança sua maior expressão no texto de 1912

Alcances da interpretação   63

intitulado "A dinâmica da transferência", no qual Freud sintetiza as idéias centrais em torno dela. Nesse texto, a transferência é colocada como uma manifestação da vida erótica do sujeito, especialmente das tendências que ficaram detidas e insatisfeitas no seu desenvolvimento, como a resistência mais forte que encontra o tratamento, e ao mesmo tempo como a chave do êxito. No entanto, essa valorização da transferência centra-se basicamente no seu poder elucidador, porque presta "... o inestimável serviço de fazer atuais e manifestos os impulsos eróticos ocultos e esquecidos pelos pacientes porque no final das contas ninguém pode ser vencido *in absentia* ou *in effigie*" (1912a; p. 1.653).

Com relação às questões pendentes, fica por retomar mais adiante a relação da transferência com a compulsão à repetição e com as pulsões de vida e morte, para pensar se a interpretação da transferência, tal como a entendemos, contempla essa dupla relação.

O homem dos ratos

Examinaremos, a seguir, o caso do 'Homem dos ratos', com a finalidade de observar de forma mais detalhada a utilização da técnica. Trata-se de um caso eloqüente: por um lado, descreve de maneira minuciosa e fidedigna episódios essenciais de um tratamento e, por outro, nos mostra uma análise que o próprio Freud considerou exitosa, um trabalho que, "prolongado através de um ano inteiro, conseguiu reconstruir completamente a personalidade e suprimir as inibições do paciente" (1909a; p. 1.441).

Para essa tarefa, contamos com fragmentos das sessões publicadas por Freud nas *Obras completas* sob o nome "Análise de um caso de neurose obsessiva" (material que diz estar em "perfeita ordem e sucessão", mas na verdade é uma amálgama de fragmentos significativos) e com a transcrição das notas originais do material que foram salvas curiosamente da sua costumeira prática de destruí-las após serem usadas para publicação. O manuscrito não contém o período total do tratamento, ele se interrompe, de forma inexplicável, no dia 20 de janeiro, mais ou menos três meses e meio depois de seu início, e aproximadamente sete meses antes de sua finalização.

O paciente protagonista deste caso, que inicia seu tratamento em outubro de 1907, é um homem de 29 anos, doutor em direito, atormentado por idéias obsessivas desde a infância, e mais especialmente, nos quatro últimos anos anteriores ao momento da consulta. O conteúdo principal de suas idéias girava em torno do temor de que algo pudesse suceder às duas pessoas que ele mais amava: seu pai e a "dama de seus pensamentos". Além disso, impunha-se diferentes tipos de proibições e sentia, entre outros, o impulso obsessivo de cortar-se o pescoço com uma navalha de barbear. Freqüentemente sentia-se tomado por fantasias voyeuristas, junto a temores de ser observado. Lembrava que na infância tinha vivenciado o medo de que seus pais lessem seus pensamentos, o que possivelmente sustentou a idéia obsessiva de que seu pai morreria ao compreender suas fantasias secretas (querer ver uma mulher nua, por exemplo).

A decisão de consultar um médico acontece depois de um episódio que reativou antigos tormentos. Pesava sobre ele um juramento de caráter obsessivo (não poder efetivar o pagamento de uma dívida) que funcionava como defesa para impedir que uma fantasia — fonte também de permanentes idéias obsessivas e de forte desprazer — se realizasse: o temor de que a sua amada e ao seu pai — morto este último fazia já bastante tempo — acontecesse o "tormento dos ratos", tormento esse que tinha ouvido pela primeira vez pela boca de um oficial afeito a descrições de torturas chinesas, e que relatava assim: "o condenado era amarrado... se lhe adaptavam às nádegas um recipiente e colocavam-se nele uns quantos ratos... que logo iam se introduzindo" — como ele não pôde completar a descrição, Freud acrescenta — "pelo ânus" (1909a. p.1.447).

A escolha por Freud deveu-se à leitura prévia que Ernest, o paciente, fez de um do seus livros. O motivo da procura inicial — que não escapou à trama de seu delírio — era obter do médico um certificado que avaliasse a necessidade de ter que pagar a dívida. "Compreendendo, diz Freud, que não obteria de mim tal certificado, só me pediu, muito razoavelmente, que o libertasse da suas idéias obsessivas" (*ibid.*; p.1.450).

As entrevistas começam em outubro de 1907, com um relato do paciente de seus sintomas: idéias obsessivas, impulsos compulsivos-obsessivos, relatos de sua vida acadêmica, de sua vida sexual e do fracasso das tentativas de tratamentos, com exceção de uma cura hidroterápica acontecida num balneário, onde na realidade ele atribuía o resultado benéfico mais a um primeiro contato sexual que teve na época do que aos efeitos de qualquer outro procedimento.

Com base também na declaração e descrição da sessão seguinte, onde Freud diz, por um lado, ter aclarado a única condição para o tratamento — a de que fosse dito "tudo aquilo que viesse na cabeça, mesmo

Alcances da interpretação 65

que parecesse desagradável, incoerente, nímio ou absurdo" (*ibid.*; p. 1.443) e por outro lado, ter deixado à escolha do paciente a seleção do tema inicial bem como dos subseqüentes —, vemos que vai se consumando de forma mais clara uma mudança na técnica em relação à observada nos outros historiais. Para os interlocutores da época, o curso desse tratamento marca de fato o momento inicial da técnica. Numa das 'Atas das sessões da Sociedade Psicanalítica de Viena', onde Freud expôs seu trabalho, seus editores Nunberg e Federn fazem a seguinte observação: "Agora, pela primeira vez, temos um relatório de uma análise que foi levada a efeito com o auxílio das livres associações" (citado por Mahony, 1991; p. 100).

Se apreciamos o texto em seu conjunto, vemos no quadro de uma postura inclinadamente ativa, interessada, acolhedora, vários tipos de intervenções, que a princípio parecem apontar muito mais para a história passada do que para acontecimentos presentes. Perguntas, explicações, assinalamentos, confirmações, interpretações, construções, são os recursos que em diferentes medidas e com diferentes pesos estão presentes no curso desse tratamento. Por trás dessas técnicas encontramos a pergunta sobre o que produz a transformação, e, como resposta, a dialética operante entre teoria e técnica.

A cura, para Freud, aparece indissoluvelmente ligada à tarefa da descoberta, do deciframento. Decifrar o enigma da neurose obsessiva era, ao mesmo tempo, decifrar o enigma do discurso do paciente, e, com isso, produzir a dissolução dos sintomas. Por isso talvez a explicitação da técnica fique ausente, mas não as suas preocupações "com a gênese e o mecanismo dos processos anímicos obsessivos", com o "desentranhar... a estrutura da neurose obsessiva".

A curiosidade em contemplar o corpo feminino, os ciúmes na infância em relação a seu irmão mais novo, as freqüentes ereções que o perturbavam, um medo pavoroso de que os pais lessem seus pensamentos, e o temor de que o pai morresse se ele desejasse ver nua uma mulher acompanharam a maior parte das emoções e pensamentos da infância do paciente, consolidando-se, especialmente o último, na vida adulta.

O temor obsessivo (que se mantém até depois do pai morto) reconstruído por Freud, assume em primeira instância o seguinte sentido: "Se tenho o desejo de ver nua uma mulher, meu pai morrerá" (1909; p. 1.447): um desejo erótico, um temor que pretende dissuadi-lo, mais a realização de atos que o defendam da sua execução perfilam os contornos da neurose, que vai alastrando-se sob diferentes formas, mantendo como nó central o conflito entre seu desejo e a sanção entre obedecer ou se rebelar.

Mais tarde, a idéia obsessiva vai tomando outras formas : "Se me caso com a mulher que amo, sucederá a meu pai uma desgraça (no mais além)" (*ibid.; p.* 1.475). O conflito permanece no foco da mesma disjuntiva: obedecer ao pai ou permanecer fiel a seu próprio desejo, ou seja, fiel à sua amada. No momento da consulta, tomava conta do paciente a equação seguinte: "Não devolverei o dinheiro, pois se o faço sucederia aquilo (se realizaria com seu pai e com a dama a fantasia dos ratos)" (*ibid.*; p. 1.447).

Vejamos os passos da consumação desse "grande temor obsessivo". Estando no exército e havendo saído em marcha na companhia de alguns oficiais, numa das paradas de descanso perde seus óculos, telegrafando então a Viena para que lhe fossem enviados outros. Nesse mesmo descanso, um dos oficiais, que segundo o paciente lhe inspirava um certo temor, relatou um castigo corporal "singularmente espantoso", o castigo dos ratos, que causou nele uma grande impressão. Com dificuldades, dirá Freud, o paciente prosseguiu: "Naquele mesmo instante surgiu em mim a idéia de que aquilo sucedia a uma pessoa que me era querida". Freud supôs, e com razão, que essa pessoa era a dama a quem o paciente dedicara durante muito tempo seus afetos, precisando mais tarde que o mesmo temor se estendesse para seu pai, morto há vários anos. "No dia seguinte, o mesmo capitão lhe entregou um pacote postal dizendo-lhe: 'O tenente A. pagou para você o reembolso. Você tem que dar-lhe o dinheiro'. O pacote continha os óculos pedidos pelo telégrafo a Viena. No mesmo instante surgiu nele uma 'sanção': *Não devolverei o dinheiro*, pois, se o faço, sucederá aquilo (se realizaria em seu pai e na senhora a fantasia dos ratos). E conforme um comportamento típico dele, ergueu-se imediatamente para combater a sanção, um mandato em forma de juramento: *Tem que devolver as 3.80 coroas ao tenente A.*, palavras que quase pronunciou a meia voz" (*ibid.*; p. 1.447).

Uma trama absurda de ordens e contra-ordens passa a controlar todos os atos do paciente, que tentava ao mesmo tempo realizar o pagamento e impedi-lo com tentativas contrárias. A cada ato de aproximação, um outro de anulação o acompanhava. Distorções da memória, denegação dos fatos, confusões, contradições, deslocamentos, tudo a fim de impedir que o pagamento fosse efetivado. Ao mesmo tempo,

Alcances da interpretação 67

surgiam nele as seguintes idéias: "Se não se decidia a cumprir seu juramento era por pura covardia, pois queria poupar-se de molestar o tenente A. (que levaria o dinheiro para B., uma vez que soube que não era A. quem tinha feito o pagamento) para não aparecer diante dele como um perturbado. E, por outro lado, que a covardia estava precisamente em cumprir o juramento, já que com isso se propunha tão- somente libertar-se de suas idéias obsessivas" (*ibid.*; p. 1.449).

Para Freud, o trabalho de 'análise' deve poder permitir explicar as idéias obsessivas. Mesmo que na "Interpretação dos sonhos" ele diga que sua pretensão não é explicar o sonho, mas interpretá-lo, atribuir-lhe um sentido, e que no 'Homem dos ratos' insista em que a tarefa a ser realizada é a de dar um sentido para os "imotivados" e "disparatados" pensamentos obsessivos, tornando-os assim "compreensíveis e inclusive evidentes" (*ibid.*; p.1.456), o termo explicação, como operação que pode dar conta de uma origem e motivo, nunca ficou distante. Laplanche lembra que *Deutung*, termo utilizado por Freud (traduzido por interpretação), tem um significado bastante "realista", pretende apreender um sentido que existe, e que portanto não aspira a ser criado por quem interpreta. Nesse sentido, Freud vai atrás de um dado, de um evento histórico, ou de um afeto 'inconsciente', presentes, mesmo que recalcados, no psiquismo. Dessa forma, contenta-se ao encontrar o que acredita ser a confirmação do desejo da morte do pai (muitas vezes negado anteriormente), e a cena de um castigo paterno por uma falta sexual, que pudesse justificar a hostilidade de Ernst contra o pai e sua perturbação no relacionamento sexual .

Na fantasia, na sede que abriga o desejo, o que pode significar que o pai tenha que morrer se a criança aspira a uma satisfação voluptuosa?

Os fatores que integram a psiconeurose, dirá Freud, devem ser buscados na vida infantil. "Veremos até que ponto é possível *voltar a encontrar tais eventos esquecidos ou reconstruí-los com certa segurança*" (*ibid.*; grifo nosso). Esta linha de trabalho pela qual Freud se orienta, tentando estabelecer os laços entre os fatos presentes e passados, pretende chegar a "... relacionar cronologicamente as idéias obsessivas com a vida do paciente, investigando quando surgiu por primeira vez cada uma delas, e as circunstâncias externas nas quais se repete" (*ibid.*; p. 1.457). Os acontecimentos presentes despertam pontos de "sensibilidade do complexo", pontos "hipertésicos" do inconsciente. A cólera e o ódio, como impulsos dominantes, atraem a "obsessão protetora", que encontra sua interpretação no violento embate entre o amor e o ódio, entre a investida do desejo, confrontado a um limite. O combate fica representado no pensamento ou no ato obsessivo: "não posso ver uma mulher nua" (senão meu pai morrerá), ou no impulso suicida de "cortar o pescoço com uma navalha" para proteger-se de 'criminosos deslizes' ("Você tem que assassinar primeiro a velha, essa que te separou da tua amada") (*ibid.*; p. 1.457), ou na 'indigesta' dieta de emagrecimento que se impôs como autocastigo, acompanhando a raiva contra um primo da mulher amada, ou ainda, no ato de pôr e tirar uma pedra no caminho onde passaria a carruagem dela. A imposibilidade de poder afastar do caminho a 'pedra' — fosse o pai, a velha, o primo — interposta no caminho do desejo (ou melhor, da pulsão) produziu sintomas que, ao mesmo tempo que expressavam seus impulsos antitéticos, controlavam a 'perigosa' vazão do ódio e do amor.

Vejamos algumas intervenções que ilustram mais vivamente a posição de Freud no tratamento:

• "Somente num terceiro relato conseguiu advertir tais inscrições e *determinar os erros mnêmicos e os deslocamentos* em que tinha incorrido (*ibid.*; p. 1.448, grifo nosso).

• "Opto por abandonar a *discussão*, fazendo com que *observe* que a idéia da morte do pai não devia ter surgido naquela ocasião pela primeira vez em seu pensamento, e haveríamos de *investigar* mais tarde sua *procedência* (*ibid.*; p.1.453, grifo nosso).

• "Considero oportuno colocar-*lhe* um novo fragmento da teoria psicanalítica" (*ibid.*; p .1.453, grifo nosso).

• "Mas, *tratava-se* de um *desejo reprimido* muito tempo atrás, contra o qual não lhe era já possível conduzir-se de forma distinta e que, portanto, ficou subtraído a tal destruição. *Aquele desejo* de fazer desaparecer o pai para que deixasse de ser um obstáculo *tinha que ter nascido* em tempo em que as circunstâncias deviam de ser bem outras; isto é, talvez quando o pai não lhe era tão querido como a pessoa sensualmente desejada, ou quando ele mesmo não era capaz ainda de uma decisão clara e concreta; isto é, em sua longínqua infância, antes dos seis anos, data a partir da qual adquiriu continuidade a sua memória. Com essa *construção*, ficou fechada provisoriamente a *discussão* (idem; p. 1455, grifo nosso).

• "No decorrer de minha *conversa* com ele, advirto-lhe que,

Alcances da interpretação

logicamente, há de considerar-se por completo irresponsável de tais traços de caráter, pois semelhantes impulsos reprováveis procedem todos da vida infantil, correspondendo a ramificações do caráter infantil subsistentes no inconsciente, e, como ele sabe muito bem, não é possível atribuir à criança uma responsabilidade ética". "Mas o paciente duvidava de que todos seus impulsos perversos tivessem tal procedência e eu *prometo demonstrá-lo* no curso do tratamento" (*ibid.*; p.1.456 grifo nosso).

• "A *obsessão* de compreender alude diretamente a este acontecimento, apresentando-se estruturada *como se o paciente tivesse dito*: depois de semelhante experiência, deves procurar não interpretar erroneamente as palavras de ninguém, se quiseres te poupar de desgostos inúteis (*ibid.*; p.1.459, grifo nosso).

• "A *obsessão* de contar o que houve durante a tormenta é *interpretada,* com ajuda do material já acumulado, *como* uma medida defensiva contra temores que *significam* perigos de morte. Pela *análise das representações obsessivas* primeiramente citadas, sabemos já que os impulsos hostis de nosso paciente são singularmente violentos, com acesso de insensata cólera, e encontramos depois que tal cólera contra sua amada continua oferecendo, depois da reconciliação, suas contribuições aos produtos obsessivos" (*ibid.*; p. 1.459, grifo nosso).

• "Com o auxílio de uma fantasia de *transferência*, viveu como presente e atual algo pretérito e esquecido de que não tinha chegado a ter consciência" (*ibid.*; p.1463, grifo nosso).

• "*Interpretei-lhe* a raiva (querer vingar-se da dama por ciúme), e a relação com a causa desencadeante do sonho, o incidente durante o passeio que ele considerou tão trivial" (sessão 18/10).

• "Apoiando-me nesses detalhes e em outros semelhantes, *aventurei a hipótese* de que sendo criança, aproximadamente aos seis anos, havia cometido alguma falta sexual relacionada com o onanismo, sendo castigado violentamente pelo seu pai" (*ibid.*; p.1.466, grifo nosso).

• "Uma palavra ainda sobre a *interpretação do conteúdo da sanção*: 'senão sofrerão, os dois, o tormento dos ratos'. Tal *sanção repousa em duas teorias sexuais infantis*, das quais já falamos em outro lugar. A primeira dessas teorias é a de que as crianças são paridas pelo ânus, e a segunda deduz logicamente, de tal possibilidade, que os homens podem também ter crianças tanto quanto as mulheres" (*ibid.*; p. 1.472, grifo nosso).

Freud desmontará mais tarde, minuciosamente, a idéia obsessiva dominante. Vai atrás de uma "solução" para a idéia do rato. Sob essa ótica, faz a apresentação do caso para a Sociedade de Psicanálise. Mas que solução é essa? O que entende Freud por solução, quais os passos a dar em direção a ela? [" ... e agora, o caminho estava claro para a solução da idéia dos ratos" (idem)]. Por que atribuir-lhe o poder de desaparição dos sintomas? ["Quando alcançamos a solução mencionada acima, o delírio do rato sofrido pelo paciente desapareceu" (ibid.; p. 1472)] .

A palavra "rato" adquire o estatuto de sintoma e como tal, seguindo os passos assinalados na "Interpretação dos sonhos", será submetida a seus desdobramentos com ajuda das teorias sexuais infantis, do simbolismo e do tratamento do termo como palavra indutora, capaz de produzir suas redes associativas pela via da contigüidade, da semelhança e do sentido. Assim, nessas associações vão estabelecendo-se equivalências. Rato com "dinheiro", que remete ao complexo econômico vinculado à herança paterna, e que se expressa quando, na hora do contrato econômico com Freud, o paciente pensa: "tantos florins, tantos ratos". Essa significação, dirá Freud, associa-se ao convite do capitão a devolver o dinheiro. Também encontramos essa associação da idéia do rato como meio de pagamento numa outra sessão (16 de dezembro) quando, estando com uma costureira, o paciente pensa: "por cada cópula, um rato para minha prima".

O rato como portador de infecções desliza para "pênis", portador também de infecções, desta vez sifilíticas, e para "vermes", que alimentam durante boa parte de sua infância seu erotismo anal. "Quando falei", diz Freud, "que rato era um pênis em associação com parasita, teve uma torrente de associações". A "sífilis" se apresenta por um lado como aquela que "roe e devora," mas, por outro lado, viabilizando uma idéia prazerosa: a do casamento com sua prima. Se seu pai tivesse tido infecção sifilítica (suspeita que muitas vezes estava presente) poderia mais ainda justificar seu casamento com Gisela, que também parecia ter sífilis, contraída com possíveis relações com um tio.

Em uma outra perspectiva interpretativa, Freud trata Ratte como significante, rompendo assim com a naturalidade da lógica lingüística em vigor na época, com as significações estabilizantes, trazendo seu valor único, possuidor da diferença e, talvez por isso, resistindo com veemência à significação. Nesse caso, o deslocamento se efetua sobre um elemento lingüístico comum, por uma relação de homofonia entre

Alcances da interpretação 71

os termos *Ratte, Heiraten, Spielratte,* chamando a atenção, destacando o que Freud aponta em "O inconsciente": o que determina a substituição não é a semelhança entre as coisas denotadas, mas a uniformidade das palavras empregadas para expressá-las (Geraldino, 1990).

Sucedem assim a cadeia de significantes: *Ratten* (ratos), *Raten* (cotas, associadas aos pagamentos e dívidas não pagas), *Heiraten* (associado a matrimônio) e, através do conto do "Pequeno Eyolf", de Ibsen, se associa a crianças e ao próprio paciente pelas suas mordidas ("ele mesmo tinha sido um animalzinho sujo e repugnante que mordia os demais em seus acessos de furor e era violentamente castigado por isso"). Por outro lado, o paciente gostava muito de crianças, o que lhe produzia uma grande decepção frente à infertilidade de sua amada. Por último, também se estabelecia um enlace com o significante *Spielratte* (jogador), que trazia o peso do relato familiar, lembrando uma falta cometida por seu pai na juventude, quando perdeu num jogo de cartas o dinheiro da empresa onde trabalhava. Esse episódio remete ao momento em que Ernst vai consultar Freud, momento onde imperava sua atroz obsessão de que, se a dívida por ele contraída fosse paga, podia acontecer a seu pai ou a Gisela a tortura dos ratos.

Devolver o pagamento pelo correio conduz à figura do pai, obedecer ou se rebelar, impulso orientado contra o capitão que, por deslocamento, faria referência ao pai. Vemos que o tema dos ratos incitou uma série de pulsões e despertou uma multiplicidade de lembranças, adquirindo por isso uma série de significações. Freud dirá que o homem dos ratos adoece quando se vê confrontado a um conflito semelhante ao do pai e repete em seu delírio a dívida não paga. Esta remete assim ao complexo paterno, às identificações (ser ou não ser como ele), aos impulsos optativos (amor e ódio). Obedecer ou se rebelar é transformado em um obedecer *e* se rebelar, em pagar *e* não pagar: em 'querer' cumprir o mandato do capitão-pai (devolvendo o dinheiro ao tenente A.) e 'querer' descumprir a vontade ainda onipresente do pai (sob pena do tormento dos ratos). "Devolverei o dinheiro quando meu pai e minha amada — infértil — tenham filhos", resposta, que quase formulada pelo paciente, significa ao mesmo tempo querer burlar o mandato paterno e sofrer por isto um castigo. É assim que a desobediência ao pai traz a sanção sob a forma de um "juramento impossível". "Deste modo, tinha cometido já o crime de caçoar dos dois personagens que lhe eram mais queridos: seu pai e sua amada. Tal crime exigia um castigo, e este consistiu em impor-se um juramento impossível de cumprir e que obedecia estritamente ao convite enganoso de seu superior" (*ibid.*; p. 1.472). Um convite — mesmo ciente da premissa errada de cuja autenticidade era impossível duvidar, pois: "Teu pai não pode equivocar-se" *(ibid.*; p. 1.472).

Para a formação dos sintomas, Freud dará também importância ao conflito que produz no paciente o ter que decidir seu namoro entre aquela que ama — mulher pobre— e aquela por quem sua família pressiona — mulher rica. Este conflito rememora aquele que seu pai tinha vivido na juventude, quando se decidiu pela mulher rica — a mãe de Ernst — assegurando para si um status. Novamente aqui está presente um conflito que remete ao sistema de identificações: seguir o pai ou o seu próprio desejo. Entram assim em jogo os emblemas do pai, e, portanto, o valor da ordem paterna. Os sintomas trazem o pai real, reavivam sua presença. Para que ocorra o martírio dos ratos ou qualquer outra das desgraças — até a própria morte — o pai precisa estar vivo. Ele adquire assim uma vitalidade nunca tida, faltante e necessária. A proposta interpretativa obedece à necessidade de dar palavras à obsessão, pela via dos significantes, da associação de sentido, tirando o paciente de eternas generalizações, desvelando a "logicidade" inconsciente que irrompe em forma verbal e que precisa ser traduzida. Como vemos a partir da lógica da consciência, nem a tortura dos ratos, nem a ocorrência de uma desgraça ao pai já morto se sustentam. Faz-se necessário então traduzir essas pulsões inconscientes para fórmulas enunciáveis. A interpretação teve como propósito permitir a emergência de novo material inconsciente, para introduzir na consciência os complexos recalcados, e reviver na transferência afetos que permitiram reconhecer aqueles que já existiam no sujeito de maneira 'inconsciente'.

O desejo se oculta em produtos distantes e irreconhecíveis, em construções de linguagem difusas, confusas e genéricas, com freqüentes elipses, com premissas que não ousam esboçar conclusões. E será entre as alternâncias dessas dificuldades, desses lapsos do discurso, que a interpretação precisa ir abrindo caminho em busca dos complexos recalcados que contornam o desejo inconsciente.

Em síntese, como vimos, a interpretação não se mostra como único recurso do processo de análise. Outras formas de trabalho parecem participar como coadjuvantes, como subsidiárias — mesmo que indispensáveis — na busca e na produção de sentido.

A interpretação se apresenta aqui como uma incursão intelectu-

Alcances da interpretação 73

al, como um árduo e concentrado trabalho de pesquisa, que através da "discussão", da "explicação" da "demonstração", da "exposição de teorias e razões" e da "elaboração de hipóteses", persegue o deciframento do sentido oculto no sintoma. A "análise", em seu sentido literal, como operação que decompõe um todo nas suas partes e como o exame meticuloso de cada uma delas, adquire, nesta fase, seu auge. Deciframento e tradução definem o trabalho interpretativo, num âmbito onde, ainda que a associação livre se coloque em primeiro plano, notamos ao mesmo tempo uma atenção seletiva, uma direcionalidade, uma certa "estratégia" que dá razão para Freud falar de "ocasião favorável à minha causa..."(*ibid.*; p.1.456).

Embora o espaço da transferência seja colocado (Freud chega a falar do lugar que ocupa para o paciente) entendemos que ele não assume um caráter tão decisivo quanto Joel Birman sustenta. No "Homem dos ratos", ele dirá que Freud se afasta de uma concepção 'racional' da interpretação para entrar no espaço da intersubjetividade que oferece a experiência da transferência, situando-se "... no eixo do processo transferencial para enunciar com insistência o deciframento do sujeito" (1992; p. 183). A transferência, em nosso entender, está ainda distante de ser vislumbrada como um espaço de mudança. Ela se potencializa, mas como um recurso que ajuda a elucidar o que de outra forma não seria possível perceber. No momento em que Freud faz uma menção mais clara dela, dirá: "Naturalmente, *minha explicação não foi aceita de início* pelo sujeito. Não podia acreditar que o plano matrimonial pudesse produzir nele semelhante efeito, pois no momento em que o comuniquei não lhe causou a menor impressão. Mas no curso do tratamento, *chegou a convencer-se, por um caminho singular, da exatidão da minha hipótese.* Com o auxílio de uma fantasia de transferência, viveu como presente e atual algo pretérito e esquecido, ou do qual não tinha chegado a ter consciência" (idem; p. 1.463, grifo nosso). A transferência se oferece assim como um recurso esclarecedor, que ilustra e mostra o que, numa outra linguagem, não era passível de tradução. A raiva contra o pai, que se encontrava (por recalque talvez) fora da percepção, é introduzida na experiência transferencial.

Por que o "Homem dos ratos" acabaria se lembrando da fatídica cena onde ele aponta uma arma para o irmão e atira, e, em contrapartida, resiste a admitir o ódio contra o pai? Não será que a primeira cena mencionada (a do irmão), por estar inscrita num desejo, pode ser atraída pela interpretação, enquanto o ódio contra o pai, como expressão mais tosca da pulsão, não pode ser recuperado pela interpretação? O que seria e que conseqüências traria pensar em delimitar, por um lado, aquilo que pode ser entendido ou expresso como sendo da ordem do desejo, e, por outro, aquilo que pode ser entendido ou expresso como sendo da ordem da pulsão?

A ambivalência dos afetos, o conflito entre o amor e o ódio, a inversão do afeto em seu contrário, são todas, e uma só, a temática em torno da qual o caso se processa. Duas coisas neste âmbito podem ser problematizadas: em que medida esse historial rebate a idéia de que os afetos somente se localizam no nível do pré-consciente e da consciência? E por que falar do recalque como o destino da pulsão que aqui aparece dominante, quando Freud, no trabalho sobre "As pulsões e seus destinos" (1915-1917), assinala que a transformação no contrário é um mecanismo próprio, diferente e anterior ao recalque? Se assim for, de que maneira a interpretação poderia ser operante?

Gostaríamos, ainda, de perguntar se o que produziu as modificações foi ter interpretado, ter dado uma "solução ao delírio dos ratos", e qual seria, à luz da segunda tópica (onde o sonho e o sintoma já não precisariam ser explicados somente pelo desejo e pelo princípio do prazer, mas pelas pulsões de vida e morte), a diferença na compreensão e tratamento dessa neurose?

O homem dos lobos

> "... Há mais coisas entre o Céu e a Terra do que sonha nossa vã filosofia." Evocando Hamlet, Freud nos submerge nas complicadas tramas, tecidas entre os hiatos da pré-história-história, do universal-singular, da mente e do corpo.

A primeira nota de rodapé que acompanha o relato da "História de uma neurose infantil" (caso de "Homem dos lobos", 1914) fala deste caso como "um dos mais importantes de Freud, tanto do ponto de vista da técnica como da teoria psicanalítica" (1914c; p. 1.941). As temáticas cruciais aí incluídas, tais como as relativas à organização sexual e seus efeitos na dinâmica psíquica, a da castração, a do narcisismo, a do papel acentuado atribuído ao eu, a dos mecanismos operantes numa fobia e neurose obsessiva, a da importância da filogênese na estruturação do

Alcances da interpretação 75

psíquico e a do papel atribuído às contradições emanadas entre as vivências e o esquema filogenético para a produção dos conflitos, por um lado, recolhem nós centrais já presentes em trabalhos anteriores, e, por outro, orientam o caminho que conduzirá a delimitação de posteriores eixos da teoria, os quais serão retomados em "Introdução ao narcisismo" (1914) e nos trabalhos sobre metapsicologia escritos por volta de 1915.

Junto a tão relevantes questões, encontramos outras, não menos importantes para pensar o fazer analítico. O caso do "Homem dos lobos" é o exemplo mais depurado da 'construção de uma história'. Construção e reconstrução, como instrumentos essenciais da prática clínica, aparecem aqui com total intensidade. Em nenhum outro caso de Freud essa proposta aparece de maneira tão clara. Poderíamos assim perguntar-nos, a partir desse historial, pela função da construção num processo de análise, pela sua possibilidade de produzir transformações, pela diferença que poderíamos encontrar entre a construção de uma história e a recuperação das lembranças — propósito dos trabalhos anteriores — pelas diferenças entre construção e interpretação, e entre construção e reconstrução de uma história.

Coloquemos alguns elementos sobre o desenvolvimento do próprio caso, para tentar responder a essas questões.

Relembremos, antes, certos dados da história do paciente, tomando como base aqueles com os quais o próprio Freud nos situa.

• Como ponto de partida, o nascimento de Sergei Petrov (homem dos lobos), na Ucrânia, na noite do Natal de 1886.

• Com um ano e meio contrai malária. Freud localiza nessa idade a suposta observação do coito entre os pais.

• Pouco antes dos dois anos e meio acontece a cena com Gruscha, cena na qual o paciente teria se excitado ao ver a jovem criada de joelhos lavando o piso, com as nádegas levantadas e as costas horizontais, posição que supostamente evocava a sua mãe durante a cena sexual.

• Aos três anos e três meses é seduzido pela irmã, dois anos mais velha do que ele. A 'Chacha' ou também 'Niania' como ele chamava a sua querida ama, lhe dirige o que Freud supõe ser uma ameaça de castração.

• Aos três anos e meio: férias. Chegada de uma governanta inglesa, mudança de caráter: acessos de cólera, nervosismo, irritabilidade, intensos medos, especialmente de mariposas, caramujos e das estampas de um livro, onde estava desenhado um lobo, do qual sentia temor de ser devorado.

76

Além dos limites da interpretação

• Pouco antes de seu quarto aniversário, em 1890, Sergei sonha o famoso sonho dos lobos, que relata assim: "Sonhei que era noite e eu estava deitado em minha cama. (Minha cama tinha os pés para a janela, através da qual era possível ver uma fileira de velhas nogueiras. Sei que quando tive este sonho era uma noite de inverno.) De repente, a janela se abre sozinha e, para meu grande terror, vejo que, sobre a grande nogueira em frente à janela, vários lobos brancos estão sentados. Havia seis ou sete, inteiramente brancos, e se pareciam mais com raposas ou com cães pastores, pois tinham grandes caudas como as raposas e suas orelhas estavam erguidas como às dos cães, quando estão atentos a alguma coisa. Preso de grande terror, evidentemente de ser comido pelos lobos, gritei e despertei..." *(ibid.*; p.1.953). Situa-se nessa época o começo de sua fobia. Nesse sonho, na interpretação de Freud, mostra-se a atitude passiva da criança em relação ao pai, através da identificação com sua mãe, durante a observação do coito dos pais, na idade de um ano e meio.

• Antes dos quatro anos, ouviu sua mãe queixar-se ao médico, com palavras que muitos anos depois iria repetir literalmente, aplicando-as a seus próprios transtornos: "Assim não posso viver mais".

• Aos quatro anos e meio aparecem os sintomas obsessivos. Antes de dormir tinha que rezar longo tempo e benzer-se numerosas vezes. Freqüentemente, à noite, dava inúmeras voltas no quarto com uma cadeira, onde subia para beijar devotamente todas os quadros religiosos que penduravam nas paredes. Satisfazia-se muitas vezes com pensamentos blasfemos que surgiam em sua imaginação, como que inspirados pelo demônio. Assim quando pensava em Deus associava automaticamente a tal conceito as palavras 'porco' e 'lixo'. No curso de uma viagem a um balneário alemão, viu-se atormentado pela obsessão de pensar na Santíssima Trindade cada vez que via no caminho três montes de esterco de cavalo ou de outro lixo qualquer. Além do que, executava um cerimonial quando via gente que lhe inspirava compaixão: mendigos, inválidos ou idosos. Em tais ocasiões tinha que soltar ruidosamente o ar aspirado, acreditando, assim, evitar a possibilidade de tornar-se um dia como eles (*ibid.*; p. 1.946).

• Pouco antes dos cinco anos, experimenta a alucinação da mutilação do dedo.

• Aproximadamente aos seis anos, visita seu pai, internado num hospital por motivos nervosos.

Alcances da interpretação

• Aos oito e aos dez anos, Freud situa as últimas explosões de neurose obsessiva.

• Aos dezoito anos: crise de gonorréia. Episódio ao qual Freud atribui a instalação de sua patologia.

• Quando tinha vinte anos, em 1906, sua irmã Anna se suicida.

• Dois anos mais tarde, aos vinte e dois, Sergei é hospitalizado por causa de depressão, enamorando-se da enfermeira Teresa com quem se casará mais tarde. Nesse mesmo ano, seu pai se suicida aos 49 anos.

• Em fevereiro de 1910, aos vinte e três anos, encontrando-se impossibilitado de andar sozinho, começa o tratamento com Freud, terminando-o em julho de 1914.

Muitos dos dados aqui colocados foram resgatados no transcurso da análise, através da recuperação de lembranças — que pareciam distantes, porém presentes em algum lugar da memória — e através de movimentos construtivos, com os quais, mais do que trazer à luz conteúdos esquecidos, ofereciam-se sentidos possíveis que abriam caminhos a novas lembranças.

Freud situa o começo da doença aos dezoito anos, após a infecção blenorrágica, contraída depois de dez anos de 'vida normal'[15]. Antes dessa idade, no entanto, Freud fala de uma "grave perturbação neurótica" que localiza entre os quatro e os oito anos, à qual atribuirá um papel predominante na futura doença. Mais do que uma precisão, esse assinalamento destaca a determinação dos fatores da infância na neurose adulta e justifica o desenrolar da análise nos contornos do cenário da neurose infantil. Como vemos no próprio texto, esse aspecto, o da importância atribuída aos fatores da infância, será um dos pontos do debate com Jung, para quem, sustentando o conceito de "fantasia retroativa", muitas das cenas infantis não seriam mais do que "fantasias provocadas por estímulos pertencentes à idade adulta, destinadas a uma representação de certa forma simbólica de desejos e interesses reais". Essa polêmica, entabulada nos mesmos anos que ocuparam esse tratamento, talvez tenha levado Freud a defender com maior ênfase a importância do acontecimento real . No entanto, os conceitos de *a priori e a posteriori* na obra freudiana, extensamente trabalhados por Le Guen (1982), que-

---

15. Essa doença, como Jaccard (1973) dirá, recoloca o problema do narcisismo fálico ao reativar a angústia de castração, reforçando, portanto, a hipótese com relação à patologia.

78   *Além dos limites da interpretação*

bram de certa maneira a seqüência determinista, quando constata que não é só um segundo momento que se apóia num primeiro, mas, como este autor assinala, "... só pode haver um primeiro a partir do momento no qual um segundo aparece" (*ibid.*; p. 21). É só dessa forma que o primeiro momento, outrora imperceptível, recobra nitidez e existência.

O trabalho das associações, das construções (do coito entre os pais ou da suposta ameaça de castração pela governanta inglesa, por exemplo), os episódios de reconstrução da história com ajuda das lembranças e das construções do próprio analista (a cena com Gruscha, a sedução pela irmã, a ameaça de castração pela 'Niania' etc.) são os movimentos centrais que Freud realiza nesse tratamento. Os encadeamentos vão construindo uma história seqüencial, dotada de inúmeras causas e nexos, responsáveis pela explicação de cenas, sentimentos e sintomas. Uma primeira lembrança infantil do ataque de malária liga-se na mesma época à visão construída da cena primária. Mais tarde, uma outra lembrança surge repentinamente: "sua irmã, sendo ele 'ainda muito pequeno, tinha-o seduzido e o introduzido nas práticas sexuais" (Freud, 1917-19; 1955; p.19). Outras lembranças associam-se ao tema da castração: diz Freud que a investigação sexual e o onanismo que começam nessa época vão ter sua interrupção na rejeição e na ameaça que a criança sofre por parte da babá, a quem o paciente tanto queria. Essas duas lembranças (sedução da irmã e ameaça de 'Niania') serão associadas à mudança de caráter. Uma terceira lembrança importante, a do sonho dos lobos, que contém, na versão de Freud, elementos da cena primária e ao mesmo tempo as lembranças anteriores, se relacionará aos sintomas de angústia e à própria neurose. O destino das identificações, para Freud, parte dessa cena; elas são reforçadas no decorrer da vida através das fantasias e vivências (a sedução por Anna, sua irmã, assim como as ameaças de castração pela 'Niania' reativaram, segundo Freud, suas tendências femininas e passivas, e, por outro lado, outros episódios, como, por exemplo, aquele com Gruscha, foram responsáveis por suas tendências ativas). Freud se propõe à reconstrução cronológica, pressupondo a presença de cenas reais ou fantasmáticas perdidas na atemporalidade inconsciente, que precisam emergir à consciência para serem temporalizadas. Numa fala com tônica triunfante, nos conta que "quase todas as datas puderam ser determinadas com certeza" (*ibid.*; p.15).

Mas observemos de perto o trabalho com o sonho dos lobos, sonho que serviu de apoio às interpretações e construções centrais desse

Alcances da interpretação 79

tratamento, no qual Freud descobre os motivos da neurose infantil, que desentranha no final. De início, num meticuloso trabalho, vai abrindo acesso às lembranças pelo caminho das associações. Associações referentes, em primeiro lugar, à representação lobo, à qual Sergei associa os lobos do livro de contos com os quais a irmã o atormentava. Surgem também associações com respeito à brancura dos lobos, relacionada aos carneiros do rebanho do pai, dizimados a seguir por uma doença desconhecida; brancura ainda associada aos cães que os guardavam. Uma terceira associação, que diz respeito ao lugar (em cima da árvore) onde os lobos se encontravam, traz à tona uma história que o avó relatou ao paciente. Nesse conto, enquanto um alfaiate trabalhava no seu quarto, a janela se abre repentinamente e entra um lobo. O alfaiate pega-o, arranca sua cauda e o lobo foge assustado. Dias mais tarde, passeando pelo bosque, depara-se com uma manada de lobos, e a única maneira encontrada para livrar-se deles foi subir nos galhos de uma árvore que aí estava. O lobo, desejoso de vingança, pede a outros lobos para subirem um em cima do outro a fim de pegá-lo, enquanto ele ficaria na base da escada. Nesse momento, o alfaiate gritou, repentinamente: pega-lhe a cauda! E o lobo sem rabo, assustado com a sua lembrança, pôs-se a correr derrubando os outros (Freud, 1914[1918] p. 1955). "Por que seis ou sete?", pergunta Freud. À sugestão do paciente de poder estar relacionado com o conto do "Chapeuzinho Vermelho", Freud põe em dúvida essa relação. O paciente propõe, então, o conto do "Lobo e os sete cabritos", no qual aparece por um lado o número sete e, também, o número seis, depois de o lobo devorar uma das cabritas; a cor branca, quando o lobo pede para o padeiro branquear suas patas para não ser reconhecido e, por último, uma árvore, onde o lobo deita depois de comer as cabritas.

Freud coloca em relevo o que mais havia impressionado o paciente: a imobilidade dos lobos, a atenção com que eles o miravam e a intensa sensação de realidade que nele suscitava. Diz ainda que essa sensação de realidade tem a ver com o conteúdo latente que aspira a ser recordado como real, "um evento realmente acontecido e não fantasiado" (*ibid.*; p. 1.956). Sob essa suposição se orienta à busca da cena, por meio dos dois elementos nomeados (a imobilidade e o olhar atento dos lobos) que aparecem de maneira acentuada no conteúdo manifesto do sonho.

À busca do acontecimento real, Freud acrescenta a busca de inversões e substituições no trabalho de desmantelar os processos de

80

Além dos limites da interpretação

condensação e deslocamento: o lobo será a substituição do pai e, portanto, o medo do lobo não será mais do que a exteriorização do medo do pai; o abrir da janela será o abrir dos olhos do paciente, e a fixa contemplação dos lobos será a própria contemplação do sujeito. Ao "olhar atento dos lobos", Freud atribuirá o efeito de uma inversão, supondo que também sobre a 'imobilidade' poderia ter recaído tal operação. Se assim fosse, teríamos então no lugar da imobilidade um "agitado movimento". "No primeiro caso, — dirá Freud — a deformação teria consistido numa transposição de sujeito e objeto, atividade e passividade, ser mirado em vez de mirar, e no segundo, numa transformação no seu contrário; imobilidade no lugar de movimento" (*ibid.*; p. 1.957). Mais adiante, Freud enlaça os elementos presentes no sonho que o conduzirão a recriar a cena originária: a atividade-passividade, o movimento agitado, o desejo de receber do pai uma satisfação sexual (mobilizado na data pela expectativa de receber presentes de Natal e aniversário), como talvez outrora sua mãe recebera. Freud hipotetiza então que "o que naquela noite deve ter sido ativado, no caso das marcas de impressões inconscientes, foi a imagem de um coito entre os pais do paciente, realizado em circunstâncias não de todo habituais e especialmente favoráveis para a observação". No curso do tratamento e a partir de novas associações, Freud vai reconstruindo a história: a cena devia ter ocorrido por volta de um ano e meio, os acessos de depressão (dos quais o sujeito ainda na época do tratamento padecia) que alcançavam seu auge no fim da tarde, substituíram os acessos de febre que apareciam na infância de forma sistemática pelas cinco da tarde, hora em que Freud supõe que a criança assistiu ao coito no quarto dos pais, estando eles nus ou com roupas brancas (da cor dos lobos). Freud trabalhará a relação entre o sonho e a cena primária dos elementos manifestos com o conteúdo latente, deduzindo de premisas pouco claras deformações, metáforas, inversões, traduções. Dirá, por exemplo, "é de noite", é uma deformação de que estava dormindo; "de pronto se abre a janela" (...) transforma a expressão direta em metáfora, o despertar, e a lembrança da cena primária, a nogueira representaria a árvore de Natal, e portanto a época do sonho, e a árvore onde o alfaiate encontra refúgio, os lobos encarapitados substituem os presentes de Natal pendurados na árvore; as grandes caudas dos lobos são introduzidas para contradizer as impressões obtidas na cena primordial e no conto do lobo: "existe realmente uma castração".

Vemos como no "Homem dos lobos" o tratamento gira em torno

Alcances da interpretação

da análise, da reconstrução ou construção[16] de três fantasias originárias: a da cena primária, a da cena de sedução e a da castração, tão imbricadas que às vezes parecem ser uma mesma cena, uma só fantasia. Freud encontra inesperadamente essas cenas, ou as contrói — sob a hipótese da universalidade dessas fantasias — a partir dos dados da história do paciente? A cena primária estaria no sonho dos lobos, ou no sonho dos lobos (como talvez em qualquer outro sonho) poderia ser encontrada a cena primária?

Do ponto de vista da técnica, alguns aspectos sobressaem neste caso. Um deles, a estipulação de um tempo limitado para o tratamento, com o propósito de diminuir as resistências e propiciar um caminho mais profícuo (*ibid.*; p.1.943).

Freud enfatiza a necessidade de uma forte transferência para mobilizar este recurso. Nesse sentido, ele dirá: "... tive que esperar que a ligação à minha pessoa fosse bastante intensa para colocar em jogo o dispositivo de um prazo determinado para pôr fim ao tratamento, com o propósito de fazer ceder as resistências e permitir a solução de suas inibições e a supressão dos sintomas" (*ibid.*).

No entanto, desde o começo da sua análise a relação transferencial foi intensa. O que ocorreu, então, nesse tratamento, para que o processo fosse bloqueado, e só fosse possível retomá-lo depois de impor uma data para a finalização?

A escrita autobiográfica do 'Homem dos lobos' estimula a pensar sobre esses bloqueios que cedem, não por conta da intensidade da transferência — aparentemente, já presente desde o começo — mas pela sua natureza (positiva ou negativa), que pensamos oscilar, pelo menos em parte, conforme a permissividade ou não de Freud para que o paciente pudesse concretizar sua aproximação com Teresa. O levantamento da resistência, portanto, estaria vinculado ao prazer do reencontro com

---

16. Freud utiliza os termos *construção* e *reconstrução* basicamente de maneira indiferente. No trabalho "Construções em psicanálise" (1937), ao pretender definir o trabalho do analista em semelhança ao do arqueólogo, dirá: "Seu trabalho de *construção ou, se se prefere, de reconstrução*, se parece muito a uma escavação arqueológica de uma casa ou de um antigo edifício que tem sido destruído ou enterrado". (p. 3.366, grifo nosso), No nosso entender, o trabalho de 1937 também poderia ter sido chamado de "Reconstruções em psicanálise". Por nossa parte, a partir deste contexto, entendemos que a designação reconstrução obedece mais ao sentido que Freud atribui ao trabalho analítico, ao pretender recobrar o material a partir dos restos de lembranças.

essa moça, com quem Sergei tinha mantido e desmanchado um relacionamento amoroso.

No relato de suas memórias, tão ilustrativas quanto comoventes, escritas aos 83 anos, Sergei nos introduz na expectativa do encontro com Freud. O mero fato de haver marcado um encontro com ele foi capaz de produzir suas primeiras melhoras. No contato inicial, deslumbrado pela sua figura, decidiu, então, iniciar seu tratamento. Desde o começo, as falas relativas a Teresa foram constantes. Já no primeiro encontro, em janeiro de 1910, essa temática está presente: "Como era de se supor, relatei minha tormentosa relação com Teresa em Munique e a visita dela a Berlim, que tinha acabado de forma tão inesperada quanto funesta (...) quando perguntei-lhe se deveria voltar para Teresa, me respondeu com um sim, mas com a condição de que isso acontecesse depois de vários meses de análise" (Gardiner,1971; p. 102). Dos primeiros tempos de tratamento, Sergei conta, entusiasmado, suas descobertas: "... abriu-se ante meus olhos um mundo completamente novo, um mundo que muito poucas pessoas conheciam naqueles dias. Muitas coisas da minha vida, que até então haviam sido incompreensíveis, começaram a fazer sentido, à medida que relações, até então ocultas nas sombras, começavam a emergir na minha consciência" (*ibid.*). No entanto, alguns meses depois, queixoso da sua solidão em Viena, onde se encontrava exclusivamente por conta do tratamento, vivia, como ele diz, acossado pela pergunta de quando Freud permitiria que voltasse a ver Teresa. "Minha urgência, dirá mais tarde, de nada serviu, já que Freud era de opinião de que ainda não tinha chegado o momento e devia esperar ainda alguns meses. A demora me deixou de mau-humor, e passado um tempo minha análise com o professor Freud pareceu haver-se estancado" (*ibid.*; p. 105). Nesse episódio que o 'Homem dos lobos' relata, nos chama a atenção como aparecem associados o "estancamento" do tratamento, suas resistências à decisão de Freud em relação a Teresa, como se, em outras palavras, dissesse: "Se me negas a aproximação da mulher, eu resisto a dar o que me solicitas". Mais tarde, em resposta às perguntas de Muriel Gardiner[17], ele acrescenta que, na sua

---

17. Muriel Gardiner, psicanalista, conheceu e relacionou-se com o 'Homem dos lobos' em 1927, com quem teve aulas de russo. Num reencontro, 11 anos mais tarde, estando Sergei extremamente transtornado como conseqüência do suicídio da sua esposa, Gardiner deu o apoio necessário para que ele pudesse sair do país rumo à França para ser atendido novamente pela doutora Brunswick. Depois desse acontecimento, continuaram mantendo contato até sua morte.

Alcances da interpretação 83

primeira consulta com Freud, tinha a expectativa de que ele concordasse com o seu reencontro com Teresa. "Se como os outros médicos — nos aclara — com os quais havia consultado anteriormente, Freud tivesse respondido com um não, sem dúvida eu não teria continuado com ele. Mas como o professor Freud estava de acordo em que voltasse com Teresa — não de forma imediata, mas rapidamente — fiquei com ele." (*ibid.*; p. 107). Parece claro que esse elemento não pode ficar alheio ao campo da transferência e que, inclusive, pode ter deixado seqüelas, posteriormente, quando, depois da permissão de Freud e da finalização do tratamento, as circunstâncias políticas impediram que o casamento entre Sergei e Teresa se consumasse imediatamente[18].

Permitindo-nos uma breve digressão com respeito a nosso foco, podemos pensar que da leitura da autobiografia de Sergei, e dos elementos pouco coincidentes que Freud nos mostra, vemos emergir alguns dados que despertam nossas reflexões. Por que Freud aponta como elemento desencadeante da neurose adulta a doença blenorrágica e não a morte da irmã, como Sergei sugere? Por que Freud destaca certas lembranças em detrimento de outras às quais o 'Homem dos lobos' se refere com ênfase? Por exemplo, aquela situação em que tendo a irmã prometido mostrar-lhe a figura de uma menina bonita, depois de muito sofrer com a expectativa, finalmente levanta o papel que cobria a imagem; em vez da menina bonita, encontrou a figura de *"um lobo parado sobre as patas traseiras,* com a boca aberta, pronto a devorar Chapeuzinho Vermelho" (Gardiner,1971; p. 21, grifo nosso). O paciente dirá que começou a gritar e que o acesso de raiva estrondoso que teve não deveu-se tanto ao medo do lobo, mas à decepção e à cólera, pelo fato de a irmã tê-lo ridicularizado. Os lobos, nesse encadeamento de vivências, encontram-se associados à irmã, e não aos pais, como mais tarde Freud interpretará no sonho. Se pensamos na possibilidade da morte da irmã como desencadeante importante da doença, poder-se-ia talvez entender com mais propriedade a recaída do paciente quando da morte de Teresa.

18.A finalização do tratamento em junho de 1914 coincidiu com o assassinato do príncipe herdeiro da Coroa austríaca, o arquiduque Francisco Fernando e sua esposa, a duquesa de Hohenberg. O conflito entre a Rússia e a Alemanha impossibilitou o encontro de Sergei (neste momento em Odessa, Rússia) com Teresa, que tinha ficado com sua filha na Alemanha.

A 'reconstrução' da história, como assinalamos, é um dos aspetos mais interessantes que esse caso nos traz para pensar o trabalho de análise. Serge Viderman, em *A construção do espaço analítico* (1982) vai discutir o conceito de construção em Freud, tomando como ponto de partida esse tratamento. Para ele, reconstruir uma história significa sempre construí-la, até porque o recalque, como dirá mais tarde, não conserva intacta uma unidade de sentido que pela interpretação ou construção poderia vir à tona. Dessa forma, o trabalho de análise nem reconstrói nem traz à luz uma cena histórica, mas a partir de elementos da história do paciente constrói uma cena hipotética. A cena primária, portanto, para Viderman, jamais existiu, nem como cena real nem como cena fantasmática, e por isso ela é uma invenção, uma produção criativa. É Freud quem decide sobre a realidade da cena, sobre a data em que acontece, sobre as inversões, sobre os deslocamentos.

Em "Construções em psicanálise" (1937), como já assinalamos, Freud faz a distinção entre interpretação e construção, conservando o termo interpretação para aquilo que "... se aplica a alguma coisa que alguém faz com algum elemento simples do material, como uma associação ou uma parapraxia". No entanto, usará o termo construção quando o analista "... coloca diante do sujeito analisado um fragmento de sua história anterior de um modo semelhante a este: 'Até *n* anos, se considerava como o único e ilimitado dono da sua mãe; então chegou outro bebê e trouxe uma grande decepção. Sua mãe o abandonou por algum tempo, e mesmo quando reapareceu nunca se encontrava exclusivamente entregue a você. Seus sentimentos com relação a sua mãe se fizeram ambivalentes, seu pai alcançou uma nova importância para você". De fato ele parece dar maior importância para a construção, considerando inclusive ser mais apropriado usar este termo para definir o trabalho do analista que o de interpretação. Mas a construção aqui não é colocada como a mera construção do fato, mas dos desejos e fantasias. À diferença das falas propositivas, que no dizer de Figueiredo (1994) enlaçam sujeitos e predicados à procura de uma fiel adequação à realidade das coisas sob o amparo das razões, da coerência e das representações, nestas construções os enlaces se dão também entre emoções e sentidos. Por isso, além da memória, da recuperação das lembranças que confirmam o enunciado, podemos tomar em conta, como veremos a seguir, a convicção do analisando.

Alcances da interpretação 85

Mas, voltando ao texto "Construções em psicanálise", vemos que Freud formaliza o que já estava presente como técnica vários anos antes no caso do 'Homem dos lobos': "... fazer surgir o esquecido a partir das marcas deixadas, ou mais corretamente construí-lo" (1937; p. 3.366), deduzindo suas conclusões de fragmentos de lembranças, de associações, que dão passagem ao inacessível. Depende, diz Freud, da nossa técnica "... que tenhamos êxito de levar completamente à luz o que se encontra oculto" (*ibid.*; p. 3.367).

Para Freud, da "fidelidade" da construção com o fragmento de verdade histórica depende a evolução do tratamento. Contudo, nem um 'não' ou um 'sim' são suficientes para confirmar as respostas às interpretações. Precisarão do aval das novas associações, que virão de novas lembranças ou de expressões como "nunca tinha pensado nisso", que revela um território virgem de representações que a construção abre. Portanto, a construção em si mesma não tem mais do que um valor conjectural "... que espera exame, confirmação ou rejeição" (*ibid.*; p. 3.370). Ela é uma intervenção 'preliminar' às novas lembranças do paciente. No entanto, nem sempre essas lembranças buscadas aparecem; mas, em seu lugar, muitas vezes com efeito semelhante, dirá Freud, surgirá no paciente "... uma firme convicção da verdade da construção que consegue o mesmo resultado terapêutico que uma lembrança recordada novamente" (*ibid.*; p. 3.370). O que a convicção referenda não é a veracidade de uma construção, mas o impacto de uma experiência que, sob o suporte da transferência, produz no paciente um estado de convicção interna com respeito à sua própria existência. Como se a construção, nomeando, desse ao sujeito consistência.

Entendemos que nos trabalhos de construção, Freud, ao mesmo tempo que constrói a história do paciente, constrói a própria teoria e assim, procurando as lembranças ou a convicção do paciente que confirme suas construções, também procura a convicção para a teoria. As fantasias, as posições desejantes (o Édipo) presentes na teoria precedem o acontecimento; por isso, no sonho de Sergei, é possível perceber a castração, a cena primária. Mas o analista precisa da convicção do paciente, precisa que ele também o perceba. A teoria pode parecer até ficcional, mas não delirante. Delírio a dois... já não é delírio.

Essas construções têm, portanto, juntas ou separadas, algo de construção historiográfica, com acontecimentos datados, com eventuais testemunhas que os confirmam, com elementos objetiváveis; algo

86

Além dos limites da interpretação

de construção "realizadora"[19], que busca de maneira intelectiva causas, razões, explicações, enlaces; e algo de "invenção criadora" construída.

Historicizar é recobrar a continuidade, a temporalidade num curso esparso por obra do recalque; é também recobrar motivos para um psiquismo ávido de razões, atenuar as angústias que jazem por detrás das lembranças aterradoras, e montar num tecido de representações as imagens, marcas e emoções dispersas, recuperando o atípico e singular, o que ficou expulso, o que só tem vez no sintoma.

Introduzir a história na análise é poder reconstruir uma história que, como dirá Viderman, não precisa ser verdadeira; "o essencial é apenas que não possa não ser sua, e que o sujeito se reconheça nela" (1982; p. 104), com pontos, com vírgulas, com conjunções, com nexos. É refazer o sentido da sua história, mas é, também, e fundamentalmente, poder construir, escrever na situação da análise uma história, desprovida de recalques inúteis, uma história onde se vivam posições diferentes, onde não seja necessário despojar-se da expressão do desejo.

Sergei, para ilustrar sua análise, escolhe este trecho: "A única coisa que posso dizer é que, na minha análise com Freud, eu me sentia tanto na situação de paciente como na de colaborador, o camarada mais jovem de um explorador experimentado que embarca no estudo de um território novo e recém-descoberto" (Gardiner, 1971; p. 164). Entendemos que esta história construída na vivência de novos lugares, experimentada no campo da transferência, apesar de não ser tomada ainda com a devida consideração, adquire uma importância radical em relação ao desvendamento do passado traumático.

'Construções em análise', no nosso entender, contempla uma construção da história em que as perspectivas antes mencionadas se combinam. Se, de início, o que parece perseguir-se é com exclusividade a adequação da construção com a verdade histórica, essa postura cede passo à convicção no momento em que o acesso ao inconsciente pelo caminho das lembranças se torna impossível, substituindo a força da

---

19. Luís Cláudio Figueiredo (1994) utiliza a expressão "fala realizadora" para apontar interpretações orientadas segundo o princípio da razão, que promovem o preenchimento das lacunas da memória e movimentos de ligações e religações. Ele opõe a fala realizadora à "fala fenomenalizadora", fala que "... ir-realiza, que des-contextualiza, des-tece a realidade homogênea para acolher o heterogêneo e o surpreendente", apontando esta última fala como aquela que aparece por excelência no texto "Construções em psicanálise".

Alcances da interpretação   87

lembrança pela força da palavra do terapeuta.

Pensar numa construção mais inventiva e criadora de uma história do que propriamente numa construção historiográfica, ou "realizadora", é pensar também na realidade de um inconsciente menos atingível, mais indizível, menos preservado.

Ainda que, como vimos, Freud distinga nesse texto interpretação de construção, pensamos que em sentido estrito não cabe tal distinção, pois toda interpretação acaba sendo uma construção e toda construção é interpretativa. No entanto, afinando essas diferenças, e acrescentando o termo de reconstrução para as nuanças dessas distinções, poderíamos reservar *interpretação* para o trabalho com as resistências, e com a transferência. Esse trabalho é feito basicamente pelo analisando, no trânsito pelas associações, através dos deslizamentos de sentido, com o propósito de fazer emergir significados, conteúdos latentes, repetições, desejos, fantasias, que subjazem e dão sentido às comunicações e sintomas; e o termo *reconstrução*[20] para o trabalho de busca das "origens do sujeito", de inserção de fragmentos biográficos recuperados pelas lembranças, no decorrer do processo analítico a partir da transferência. Finalmente, a *construção* poderia ser pensada em duas dimensões, na dimensão verbal e na dimensão da vivência no espaço analítico. Construção seria, portanto, construção da cena infantil, das relações de objeto.

Em síntese, no nosso entender, a concepção que encontramos em Freud sobre a interpretação assenta-se na idéia de um psiquismo traumatizado pelas marcas do recalque, que se atualiza e se manifesta na relação de transferência, na crença do sintoma como portador de sentido e na credibilidade do poder da prática decifradora em devolver ao paciente e colocar em circuito os sentidos ocultos. Esse deciframento, que acompanha a maior parte de seus trabalhos, pressupõe a existência no sujeito de um sentido, sentido cuja procura impulsiona a prática do analista. Laplanche faz alusão a esse movimento em "Interpretar com Freud" (1968), onde dirá que no termo *Deutung* "... o sentido está inscrito e não constitui algo a ser criado pelo intérprete". Por outra parte, o que a interpretação faz, a partir dessa perspectiva, é atrair pela coloca-

---

20. Sabemos que esse termo envolve uma polêmica. Tal como assinala Titan, alguns psicanalistas, além de considerar este trabalho não analítico, o colocam como desnecessário, na medida em que a "reconstrução ocorreria como efeito imediato do adequado manejo de transferência, quase como um obrigatório efeito incidental" (1994; p. 45) .

ção em palavras, pela associação a uma "imagem verbal", marcas, percepções, sensações, que sob a forma das representações-coisa ("essencialmente visuais") se alocam no inconsciente. Secundarizar os processos submetidos às leis do processo primário, e englobar sob uma representação consciente a representação-coisa ("visível" a nosso entender no sonho e no sintoma) e a representação-palavra são operações que fazem parte do processo interpretativo.

O tema da certeza ou falsidade da interpretação, da busca de uma verdade por correspondência, deu à prática do deciframento uma certa inspiração. No entanto, à medida que a psicanálise se desenvolve, cada vez mais afasta-se da idéia do encontro com uma verdade objetiva e do deciframento de uma realidade material. Os enigmas do sujeito passam a ser a realidade a decifrar e a única "verdade" possível a construir e elucidar tem sua origem no plano da inter-relação. Como diz Mezan "... a interpretação só tem valor se não resultar da aplicação mecânica da teoria, mas se brotar do encontro dos dois inconscientes em presença (...) se implica o intérprete na sua formulação..." (1988; p. 71). O deciframento psicanalítico introduz o sentido no interior do psiquismo. Distintamente do método decifrador que imperava na escrita literária antes de Freud, "onde cada signo pode ser substituído, mediante uma chave prefixada, por outro de significação conhecida" (1898-99 [1900]; p. 406), onde bastava aplicar um código externo para reencontrar o sentido, o sujeito contém aqui sua fonte de saber, os códigos na sua história. Os pólos do deciframento mudam, e, na interioridade da prática da análise, como dirá Birman (1991), o deciframento psicanalítico passará a sustentar-se no eixo da intersubjetividade, ou seja, no campo da transferência.

Mas pensar na interpretação como meio de aceder ao sentido latente, ao conflito defensivo e ao desejo inconsciente, tal como Laplanche e Pontalis (1968; p. 209) definem, parece não ser suficiente para precisar algo que entendemos essencial na função interpretativa. A interpretação reinterpreta, não só tece sentidos, mas, fundamentalmente, destece. A 'detradução', a desconstrução e a "ruptura" são termos que nos aproximam desse trabalho de desmanchamento, de desligamento, enfim, da análise, no seu sentido mais exato e preciso.

Laplanche, em seu livro *A revolução copernicana inacabada* (1992), coloca algumas questões com respeito aos movimentos de tradução e 'detradução' presentes na análise. Partindo do conceito de temporalidade e remontando-se à polêmica entre Freud e Jung, lembrará

Alcances da interpretação   89

como a interpretação psicanalítica é recriminada por estar inscrita num movimento regressivo, no qual a partir de um presente se vai de maneira persistente ao passado, buscando nele as motivações, os desejos, as fantasias que possam dar conta da realidade presente. Presente-passado-futuro são a tríade que caracteriza o curso da análise. Mas a interpretação, dirá Laplanche, não pode ser considerada uma mera tradução do presente em termos do passado, considerando que o texto passado contenha mais verdade, ou mesmo a verdade do texto presente. "A interpretação em termos do passado, continuará dizendo, não é uma tradução mas uma 'detradução', um desmantelamento ou um retrocesso da tradução (...) não há tradução a não ser através de um movimento progressivo. Mas a interpretação analítica consiste em desfazer uma tradução existente, espontânea, eventualmente sintomática, para reencontrar, aquém desta, aquilo que ela desejava ardentemente traduzir e para permitir, eventualmente, uma tradução 'melhor', isto é, mais completa, mais abrangente e menos recalcante"; ("Temporalidade e tradução", 1992; p. 12).

O psiquismo humano realiza e se realiza pela atividade interpretante. Exercita com ela o plano simbólico, o plano das representações, buscando dar forma às intensidades, às percepções, às sensações e afetos. O próprio Laplanche, quando passa a analisar o processo de constituição subjetiva, dá um peso substantivo à interpretação com a qual o pequeno sujeito vai dando conta dos enigmas. O enigma entendido como fonte incandescente do desconhecido e do desassossego, "como frestas por onde se entremostra e infiltra o jorro do mundo, torrencial e inominável" (Figueiredo, 1993; p. 34). As neuroses, "as normalidades" e outras patologias, como a psicose e as perversões, poderiam ser pensadas como modalidades ou efeitos da tentativa de responder ao enigma. A análise precisa, no nosso entender, reinstalar o enigma, 'detraduzir' sua resposta e retraduzi-lo de maneira que possa encontrar novas nomeações, inscrições ou reinterpretações que permitam ao sujeito uma forma de existência mais vital e prazerosa.

A cena de sedução, tal como Laplanche a concebe na situação prototípica da sedução infantil, nos delineia a matriz do trauma e do engima: uma criança saturada de excitações provenientes de dentro e de fora de seu próprio corpo, desprovida de recursos, que colocada ante o adulto em posição passiva e assimétrica, precisa refazer-se do bombardeio das mensagens enigmáticas. Um algo "a-ser-traduzido", fonte potencial ao mesmo tempo do trauma e da "pulsão tradutiva", impõe-se num movimento perpétuo, buscando e encontrando com mais ou menos êxito as nomeações e interpretações. O recalcado desse processo sedimentará o inconsciente, no entanto, a nosso ver, o intraduzido (o sexual privado de representações) passará, depois de 1920, a fazer parte do id sob o influxo da pulsão de morte.

A análise, situada no lugar de objeto-fonte tal como o enigma, provoca a "pulsão tradutiva" a um trabalho de tradução permanente. Mas, à diferença do movimento psíquico que adere de maneira rígida, quase de uma vez e para sempre às interpretações que realiza, a análise 'detraduz', destece para dar lugar a novas composições de sentido. Parece que nesses movimentos de desconstrução, nessas operações de desligamento, ao mesmo tempo encontramos a condição para a mudança e também os fortes motivos da resistência.

Qual é o lugar do analista, desse outro "adulto" — ativo e assimétrico — nessa relação de alteridade vivida na situação analítica? Qual será essa posição que, mesmo possuindo irremediavelmente aspectos desse outro adulto — sedutor e enigmático —, poderia transformar-se em suporte não de um processo traumático, mas sim de modificações? Entendemos que é também e especialmente na relação analítica, no encontro dessas subjetividades, no bojo das transferências e contratransferências que se inclui e se vive a dimensão interpretativa e reinterpretante. Por essa razão, pensamos no campo da análise como um campo de *reconstituição*, ou melhor, de *produção* de subjetividade, de um estilo de subjetivação que, havendo produzido uma ruptura com os antigos sentidos, contenha as novas interpretações.

Pensando na questão da temporalidade imperante na análise, desse movimento regressivo (do presente ao passado) que antes assinalamos, nos perguntamos se essa tendência não se apóia na duvidosa pretensão de poder encontrar a situação tal como ela foi recalcada (confirmando assim a idéia de um inconsciente 'fotográfico', hermético, pouco propenso às modificações), e no esquecimento do benefício de avistar e promover "ligações progressivas" que saiam ao encontro de novas formas de investimento e de novos objetos? Entendemos que ambos os movimentos, regressivo e progressivo, 'detradutivo' e tradutivo, precisam estar presentes em diferentes momentos e proporções na análise.

Como interceptar essas unidades de sentido já constituídas no psiquismo, como destecer as redes, como permitir a mudança do sujeito com respeito àquilo que o fixa na repetição, numa certa fantasia, num

Alcances da interpretação 91

certo prazer também desprazeroso ?

Os movimentos de deslocamento dos lugares transferenciais do analista, a surpresa, a "ruptura de campo" — tomando um conceito de Fabio Hermann — nos sugerem algumas reflexões para pensar a resposta. Diz esse autor que "a interpretação é essencialmente um desencontro produtivo" (1989; p. 23). Pensamos que se trata do desencontro entre inconsciente e consciência, do desencontro em relação às interpretações já feitas e às oferecidas, com respeito ao previsível e àquilo que não pode ser previsto. É necessário que a interpretação surpreenda, ofereça algo novo, desestabilize e crie rupturas no campo reconhecível das certezas; que reinstale o enigma e com ele a pergunta, abrindo um espaço de instabilidade, de não-representabilidade, do qual emerjam novas representações .

"Gostaria que você sentasse na cadeira", comuniquei um certo dia a um paciente que habitualmente, durante vários anos, deitava-se no divã, e para quem eu pensava que esse enquadre, de forma ininterrupta, mais acobertava resistências do que favorecia associações. "Mas como — me respondeu ele — não é para deitar, não é que o difícil é deitar?". Em seguida, mexendo-se na cadeira, diz: "Estou surpreso". O impacto produzido é semelhante ao do trauma: a angústia proveniente da confusão, da falta de representações, do excesso de excitações, parecem tomar conta. As pulsões andam 'soltas', sem objetos, e é nesse momento de "obscuro representacional", de ruptura, que se reinstala — esperamos que temporariamente — algo da natureza do trauma, de uma estimulação pulsional, de um excesso pulsional que, impedido de sair ao encontro do objeto, recua. A partir daqui, é possível retomar, na cena assim configurada os circuitos pulsionais outrora bloqueados, seja pela via da recordação de lembranças, seja pela via da reconstrução da cena, da construção de objeto na transferência, da interpretação de fantasias e desejos, ou da abertura de caminhos em direção a novos objetos.

Podemos chamar a essa intervenção de interpretação, ou seria melhor encontrar outra forma de defini-la? É possível pensar que uma interpretação possa ser considerada como tal, seja a partir da maneira como ela é formulada ou a partir dos efeitos que desencadeia.

Mas na análise, a interpretação adquire seu valor principalmente pela capacidade transformadora, e portanto poderíamos pensar que é fundamentalmente a transformação, entendida como a mudança do lugar do sujeito com respeito a suas próprias percepções, com respeito a seus próprios desejos, com respeito ao lugar que atribui ao outro na sua fantasia, que concederá retrospectivamente à intervenção seu valor interpretativo. No entanto, é verdade que se pode caracterizar a interpretação em dois sentidos: uma formulação que contempla as 'regras' da técnica analítica (mostrando um sentido latente que aponte o conflito defensivo, a fantasia ou o desejo, tomando como referência o campo transferencial) independente do resultado que dela sobrevenha; ou uma colocação que pode se apresentar sob a forma da palavra, do ato, do silêncio, do riso etc. e produzir efeitos, modificações, inclusive fora do enquadre propriamente analítico. Colocado neste último sentido, parece que o conceito de interpretação se amplia, ficando uma espécie de "megaconceito", ora como substantivo, "a interpretação tal", ora como adjetivo, "ato interpretativo", "silêncio interpretativo" etc. que parece pretender salvar a intenção eminentemente interpretante-representacional da análise.

No contexto da primeira acepção, é importante recolocar-nos a pergunta pelo caminho que antecipa o enunciado de uma interpretação. Esse processo de construção atravessa o analista na sua possibilidade de escuta, condicionada por sua vez pelo referencial teórico que o sustenta e pelas possibilidades e impossibilidades psíquicas que intervêm, assim como na forma que se implica, na seleção do material e nas resistências também presentes na escuta de um material.

As singularidades do analista explicam, no nosso entender, as singularidades interpretativas frente a um mesmo material, inclusive entre psicanalistas que trabalham com referenciais teóricos semelhantes. Para os que produzem interpretações a partir de diferentes perspectivas teóricas, o motivo para as distintas interpretações fica mais evidente. Mezan (1990), num artigo em que dialoga com Bernardi sobre a existência de diferentes paradigmas em psicanálise, retoma um exemplo que este autor coloca para comparar as diferentes interpretações que Freud, Klein e Leclaire dão para o sonho do 'Homem dos lobos'. Aqui se ilustra de maneira clara como a teoria influi na interpretação, oferecendo diferentes leituras; da comparação do material pode-se perceber "... significativas divergências quanto ao que cada autor 'vê' no material, e nas hipóteses que o analista constrói para dar conta daquilo que viu". "Resumidamente — continua Mezan na sua recomposição do texto — Freud se interessa pela postura dos lobos, que abre um caminho para a interpretação focalizando a sexualidade infantil e a angústia de castração; Klein

Alcances da interpretação

se interessa pela angústia ligada às fantasias de devoração projetadas no animal fóbico; Leclaire se interessa pelo lugar designado ao menino por sua mãe e pelo jogo dos significantes na estruturação dos sintomas e do desejo do paciente" (1990; p. 44). Por que três interpretações? Por que as três interpretações podem ter supostamente efeitos? Por que cada uma delas toca pontos que em algum lugar encontram sua coincidência? Por que, atingindo um só desses aspectos, necessariamente atinge os outros? Ou, por que o que surte efeito não é propriamente — ou apenas — o conteúdo da interpretação, mas o *ato de interpretar?*

Interpretar o discurso do paciente, interpretar a cena analítica, requer uma certa escuta, um certo desrespeito calculado, dirá Hermann, pelos assuntos que o paciente expõe. "Ele me conta algo, eu escuto como se além desse algo, outro tema se quisesse mostrar (...) o assunto de meu paciente é escutado como se fora uma metáfora" (1989; p. 22). Assim nos descreve esse autor esse movimento sutil, que transforma o texto manifesto, literal, e ao mesmo tempo supostamente figurado[21], num outro texto. A interpretação precisa desse esforço de abstração de qualquer "significação convencional" para buscar ou criar um novo sentido.

A idéia da metáfora para definir o material com o qual o analista trabalha, entendida como "... a compreensão, experiência e orientação numa coisa ou conceito em termos de outra coisa ou conceito", segundo a definição que nos proporciona Figueira (1989), quebra a "univocidade semântica" da linguagem e nos permite apreciar todo conteúdo discursivo como efeito dos determinantes subjacentes. Esses provêm de uma outra cena mais arcaica, pulsional, transformada pela linguagem e pelos processos de condensação e deslocamento. O discurso do analisando não seria menos do que qualquer outra manifestação sintomática, uma formação de compromisso que ao mesmo tempo oculta e traz à tona o recalcado.

Richard Preschel (1985), no artigo já citado "Fundamentos retóricos da escuta psicanalítica", chama a atenção para quatro tipos de escuta que podem em diferentes proporções estar presentes no contexto analítico. Uma primeira, a *escuta referencial,* presente nos primeiros

---

21. Dizemos 'supostamente figurado', já que não vislumbramos claramente o que autorizaria ou desautorizaria a pensar que todo texto manifesto, inclusive o mais prosaico, remete necessariamente a um outro texto, a não ser quando pensamos que todo texto manifesto, como toda expressão psíquica, não escapa a uma tentativa de expressão, nem que seja indireta, do desejo. Nesse caso não poderíamos deixar de achar que qualquer tradução sempre será indefinidamente o sentido figurado de um outro texto, que não teria nunca origem no processo secundário, mas no inconsciente.

textos freudianos, no auge da teoria traumática, é descritiva, denotativa, informativa. Supõe a existência de um código comum claro e livre de ambigüidade entre analista e analisando. É uma escuta restrita ao campo do pré-consciente e da consciência, domina nossos diálogos correntes. Em análise, se bem que também esteja presente, é dela necessário desprender-se para instalar uma escuta analítica. De uma segunda, a *escuta mentalista,* Preschel dirá que ela domina quando se toma em consideração o funcionamento psíquico, quando subjaz a metapsicologia, a idéia de estrutura e conceitos que aludem às tópicas ou aos processos primário e secundário, por exemplo.

Um outro tipo de escuta, a *escuta exegética,* em geral entendida como a escuta analítica por excelência, supõe para a fala do analisando dois sentidos: um manifesto consciente e um latente inconsciente, que deve ser apreendido pela escuta do analista. Encontramos um exemplo interessante desse tipo de escuta, que dá à luz certos tipos de interpretações, num artigo que Maurice Dayan intitula "Madame K. interpreta". Nele vemos como Melanie Klein constrói suas interpretações amparada no princípio da tradutibilidade, e numa escuta que supõe para a linguagem a faculdade de exprimir "equivalências simbólicas entre significados poucos numerosos e uma família de significantes extremamente variados" (1985; p. 125). Acompanha, assim, termo a termo as palavras escutadas, fazendo um trabalho de decodificação sistemática, a partir de códigos próprios, de equivalências, de analogias. As interpretações pretendem liberar fantasmas e tornar conscientes angústias e defesas antigas que, por conexão com situações presentes, se reatualizam.

Observemos mais de perto o caso em análise e os movimentos de escuta e interpretação. Trata-se de uma criança, Richard, que chega à análise movido pelo medo que experimenta quando encontra crianças na rua, pela dificuldade de sair de casa, por detestar a escola (a qual não freqüentava fazia dois anos) e pelos pensamentos persistentes que tinha em relação à guerra. Melanie Klein se propõe a analisar a angústia, reatualizada nos medos engendrados pela guerra. Pretenderá encontrar pelas interpretações os fantasmas produtores da angústia, que encontram nos medos concretos (neste caso, nos medos à guerra) uma forma. A análise gira em torno do fantasma originário, da cena edípica e do que poderíamos entender como a fantasia de castração. Vejamos a seqüência de um fragmento da análise: "Richard se inquieta pelos tratamentos dados por Hitler a seus países vizinhos (...). Tem medo que, à noite, um vagabundo venha pegar sua mãe (...) a analista

Alcances da interpretação

interpreta: que talvez esse vagabundo que pode fazer mal a sua mãe pode ser Hitler que (...) maltratava os austríacos (...) mais tarde M. Klein pensará: será que isto que amedronta tanto o menino seja o perigo de que se produza entre os pais qualquer coisa onde se misturem seus orgãos genitais e que faça sofrer a mãe?" (Dayan, 1977; p. 111). Richard esqueceu o pai, pensa Klein, o pai que estava com a mãe no quarto e devia protegê-la. Não será, então, que o desconhecido vagabundo é o próprio pai que faz à mãe coisas terríveis, como Hitler a seu povo? Num outro momento, Richard encena uma colisão entre o Sol e a Terra (...) a preciosa Terra, único planeta onde há crianças (...), é a mamãe. Depois de ter expressado o medo da colisão, continua o relato, consultou o mapa para dizer as atrocidades que fez Hitler no mundo... Uma conclusão se coloca: a transição do fantasma da colisão à evocação de crimes perpetrados por Hitler, permite sem nenhuma dúvida religar o fantasma à significação sado-edipiana que a analista tinha oferecido no curso da seqüência precedente. Klein, percebendo na terra o símbolo do corpo materno, pôde estabelecer a equivalência entre o Sol e o pai, entre Júpiter e os outros planetas — reduzidos a pó depois da colisão principal — com Richard e as outras crianças que seriam pulverizadas se se interpusessem entre os pais.

Em sessões posteriores, Richard continua junto aos mapas. Inquieta-se pela sorte dos navios ingleses que correm o risco de ser bloqueados no Mediterrâneo se os alemães tomarem conta de Gibraltar, porque não podem atravessar o Suez. Também se inquieta com o que pode acontecer na Grécia e em Portugal. Para a analista, a inquietação de Richard provém da dúvida inconsciente do que pode acontecer a papai quando ele introduz seu pênis na mamãe e não do que poderia acontecer com os barcos ingleses ou com as tropas estacionadas na Grécia. O pênis paterno corre o risco de não mais poder sair do interior da mamãe.

Nas sessões seguintes, novas equivalências, analogia e projeções se sucedem: detesta o tratado de Darlão por ser voraz, agressivo, ingrato. Sua desconfiança em relação à Áustria e à Rússia demarca sua atitude em relação à mamãe; quando observa o mapa da Europa e descobre o continente embrulhado e misturado, para ela isso representa seus pais embrulhados e misturados no curso de suas ligações sexuais. O desmembramento do país significará então o desmembramento da família.

Como dirá Dayan, um código restrito de equivalências simbólicas — que ameaça despersonalizar o inconsciente — basta para colocar nos mistérios da palavra infantil os protagonistas inalteráveis dos conflitos fundamentais: os pais, o seio, o pênis, a vagina, os bebês, as armas biológicas, urina, fezes, dentes (*ibid.*; p. 113).

Poderíamos nos perguntar: onde estão os pontos de enlace do discurso do paciente com essas interpretações?

Como vimos, e como melhor precisam Rechardt e Ikonen (1986), o processo simbólico separa os conteúdos psíquicos de seus contatos originais e, por causa de uma derivação, de um deslizamento metonímico, outros conteúdos podem vir a representar os originais. É a própria contingência do objeto, da qual Freud fala com respeito à pulsão nos "Três ensaios". Metáfora e metonímia descrevem de fato o movimento psíquico. Mas qual é o ponto de ancoragem desses processos? A partir de que conteúdos a metáfora e a metonímia se sucedem? O que, em definitivo, se desloca e se metaforiza, ao qual se pretende chegar pelo processo inverso da análise, através das cadeias associativas? A suposição sobre esses conteúdos, sobre essas respostas, orientará o processo terapêutico, seja pela construção da rede de significantes, buscando reconstituir as relações entre significante e significados (detentor em última instância do desejo), seja de maneira mais teleológica, saindo ao encontro das supostas fantasias subjacentes.

Nesse caso, o discurso interpretativo se adapta ao que, se espera, possa ser encontrado na fala do paciente. Um encontro marcado e previsto, não com o acontecimento real, mas com os fantasmas, ao estilo do encontro com a cena primária como no caso do 'Homem dos lobos'.

Por último, Preschel define a *escuta formal*, mais própria da escuta lacaniana, onde o discurso[22] não é considerado um instrumento que

---

22. Entendemos aqui por discurso o objeto fundamental (no entanto outros como entonação, duração, acento, silêncios, gesticulações e, enfim, outros inumeráveis são também objeto) da escuta analítica que toma em conta a linguagem. Ela inclui seus dois aspectos: *a língua* (conjunto dos meios de expressão que constituem um código comum, cuja unidade de análise é o signo, e cuja função é a de significar, apreensível pela análise semiótica) e a *fala* (ou seja, a parte individual da linguagem, cuja unidade de análise é o enunciado, e cuja função é comunicar, apreensível pela análise semântica) e, por outro lado, a *enunciação* que remete ao ato de falar (extraído nas suas idéias essenciais do texto de R. Preschel, "Fundamentos retóricos da escuta psicanalítica", p. 120 a 123). O discurso do paciente nos põe mais claramente em contato na situação da análise — até pelas próprias características do enquadre que promove algo semelhante à produção da escrita poética — com a condição mais liberal e polissêmica da linguagem, com a variedade possível de sentidos. Os distintos tipos de escuta, ao mesmo tempo que contemplam num certo nível essa multivocidade discursiva, dão a ela uma certa ordem para ser compreendida.

Alcances da interpretação 97

veicula, mas o próprio objeto da análise. Importa o que o analisando diz, mais do que ele quer dizer pela via da linguagem, sem excluir, claro, os conteúdos e significados do discurso (1985; p. 116-18).

Um exemplo desse tipo de escuta podemos encontrar em Le Guen (1982), que nos traz uma interpretação elaborada a partir de uma insistência fonética. Colocaremos primeiro a interpretação e logo o caminho percorrido para sua elaboração. Depois de várias falas de ambos os lados, o terapeuta diz à sua paciente: "No entanto (...) seu sonho mostra o desejo que você tem de ter um filho e seu medo de que isso destruísse René. Com outro, talvez? Não... e de qualquer modo isso é complicado demais e muito perigoso: melhor não ir a Marselha!" (1982; p. 57). Frente a uma certa surpresa da paciente, o terapeuta acrescenta: "Eu não quero que você possa pensar que há nisso alguma magia ou adivinhação; assim é que, desta vez, falarei um pouco mais a fim de lhe explicar o que me conduziu a essa interpretação de seu sonho. Primeiramente, chamoume a atenção — no próprio relato de seu sonho, mas sobretudo quando de suas associações a respeito dele — uma impressão leve, porém tenaz, de ritmo, de escansão; quase como se você falasse em versos. E quando depois de minha primeira intervenção você retomou, enumerando as palavras que lhe pareciam importantes, compreendi o que me havia alertado: havia nelas como que rimas (...) ou, ao menos, repetições de um mesmo som, de um mesmo fonema: parque, Marselha, Bernard, participação (...). E todas essas aliterações se encontram em 'infarte'. Interrogandome sobre esse *AR* central e sua insistência repetitiva, escolhi deixar de lado aquilo que, com demasiada facilidade e evidência, poderia evocarlhe na familiar linhagem da 'arte', pensando que isso era evidente demais. Sua insistência deixava-me antes pensar que ele estava lá para esconder, acrescentando-se a isso, justamente; ele estava em excesso na primeira palavra-chave do sonho, aquele que precisamente você não retomou em sua enumeração: 'infarto' (*infarctus*). Suprimi então esse *AR* e conservei o *INF* que me levava imediatamente a *INFANS* e *ENFANT* (criança); depois o *TUS* que me conduzia a *TUER* (matar) e *MORT* (morte)" (1982; p. 57-58).

Sem entrar no mérito da própria interpretação, vemos aqui que para sua construção ficou presente para o terapeuta uma certa rima, uma similicadência, similitudes de sons (significantes) que acompanham similitudes de sentidos (significados). Do tipo de escuta resultou um certo tipo de interpretação particular, mas nem por isso mais ou menos claramente eficaz do que outro tipo de interpretação, que poderia ter resultado de uma escuta diferente. A polissemia discursiva[23] torna-se um convite para a polissemia da interpretação.

Vemos que os caminhos para a construção de uma interpretação são variados e múltiplos. Marion Minerbo, em um trabalho no qual se detém justamente a pensar no "caminho percorrido pelo analista para chegar a formular uma determinada interpretação" (1989; p. 143) descreve, tomando como referência o material de uma sessão, esse processo de elaboração interpretativa. Observemos. Primeiro toma em consideração os *aspectos formais* do discurso: o estilo (tipo de organização, narrativa, lógica etc.), o tom de voz (ritmo, presença ou não de emoções etc.).

Imediatamente explora na sessão as fontes de seus incômodos e fica alerta para a presença do que Liberman chamou "estilo simétrico de interpretação", uma forma de interpretação especular, que, por ser tal, pouco acrescenta de novo.

Uma vez considerado contratransferencialmente o impacto desses elementos formais, instala-se a pergunta sobre o que fala o material. Fala de comida, de incorporação, de destruição? Percebe-se o "tema dominante" (falta de controle) e a fonte da angústia (perder o controle) que, junto ao sentir contratransferencial anterior e seu transporte para o campo da transferência, vão permitir compor a primeira interpretação. Ela oferecerá um novo ponto de vista (1989; p. 148), ou seja, produzirá pela surpresa uma "ruptura de campo" no mundo bem configurado das suas formas e percepções. A analista, nessa escolha "incidental" do veio interpretativo, toma o ponto de angústia (desencadeador de movimentos resistenciais, tais como chegar tarde à sessão e vir com um discurso já "escrito") e abre o caminho para instalar as condições de análise. À concatenação acelerada de hipóteses que a paciente coloca e refuta ("Mesmo sabendo que não devo, como doces, chocolates. Não penso que seja para agredir meu marido (...) é certo que não nos estamos relacionando bem ultimamente, mas em Santos estava bem pior (...) Pode ser que eu coma por frustração, mas (...) estou mais satisfeita comigo do que antigamente") (*ibid.*; p. 146), a analista interpreta: "Talvez você coma por essas razões que você apontou. Mas eu acho que o mais importante é a

---

23. Poderíamos distinguir aqui a polissemia entre discursos de diferentes sujeitos e a multiplicidade ao interior de um sujeito. Não podemos esquecer que as "verdades",os desejos, são metonímicos.

Alcances da interpretação

sua perplexidade quando sua lógica falha. As coisas ficam imprevisíveis, fogem ao seu controle. Para não se afligir você me pede para aperfeiçoar sua lógica com a minha" (*ibid.*; p. 148).

A analista traz à tona, pela interpretação, a problemática do que não se controla, descentra a paciente de seu eixo de preocupação (por que come ou não come) e a coloca num campo de pressupostos novo, oferecendo o espaço analítico para expressar, ligar e elaborar os excessos. A intervenção não trata aqui de descobrir, ou de introduzir um certo conteúdo na consciência, mas de desalinhar, de desconectar, de surpreender um campo congelado pela logicidade e pela conexão de um conjunto de perguntas tão previsíveis quanto as respostas.

Quando Minerbo se preocupa com a "interpretação especular", visa um estilo e conteúdo de interpretação que procure quebrar e inovar as tramas interpretativas trazidas pelo próprio paciente .

Neste capítulo fizemos algumas reflexões sobre a interpretação principalmente no contexto da obra freudiana, nos detivemos em três casos clínicos atendidos por Freud, com os quais pretendíamos ilustrar e problematizar algumas questões em torno da técnica, e, especialmente, em torno da interpretação.

Esquematizando, poderíamos dizer que esses três casos se apresentam como *exemplos paradigmáticos* para pensar a questão da *transferência* ('Caso Dora'), para pensar a questão da *interpretação* — tanto nas vertentes que enfatizam o sentido como naquelas que enfatizam os significantes (caso do 'Homem dos ratos') — e para pensar a questão da *construção* (caso do 'Homem dos lobos').

A partir deste último caso, tentamos discernir diferenças possíveis entre os conceitos de construção, reconstrução e interpretação. Por outro lado, quisemos pensar a interpretação dentro do espectro que oscila entre concepções mais realistas — deterministas, como as do próprio Freud em certas passagens da sua obra, ou as de Klein, e concepções mais construtivistas, ou, no dizer de Laplanche, "hermenêuticas-criativas", também presentes na obra freudiana, e que alcançam maior expressão com as idéias de Viderman.

Esse movimento pendular, que comporta infinitas nuanças, inclui de maneira implícita questões epistemológicas. As diferentes posições transitam entre posturas reguladas pelo princípio representacional e pela busca de uma verdade por correspondência — onde a verdade fatual, histórica, fica à espera de seu reconhecimento —, e posturas que, relativizando a cena fatual e abrindo mão da idéia de verdade, excluem a possibilidade de reconstituir de maneira fiel o objeto, concebendo todo objeto, inclusive o objeto histórico, como construído. Dirá Viderman: "Só existe experiência se interrogada (...). Não há certezas a serem buscadas, dados a serem achados, laços preestabelecidos; a interpretação na sua formulação cria um sentido, não único, mas possível, não estabelece o restabelecer um laço sempre existente (...) a interpretação ao formulá-lo, cria o laço".

Entendemos que essas posições entranham outras diferenças: a respeito do conceito de inconsciente, por exemplo, a respeito do valor atribuído à representação e, portanto, quanto ao peso concedido à ação interpretativa.

Se consentirmos numa idéia do inconsciente como conservando fielmente as representações recalcadas, entendidas como fontes primordiais de produção de neurose, seria plausível pensar na verdade por correspondência e na representação como eixo do processo terapêutico. Mas se o inconsciente comportar mobilidade, fragmentos esparsos, atemporalidade, dúvida com respeito à possibilidade de poder atrair seus conteúdos, "não só porque o sujeito se recusa a lembrar, mas também porque o acesso à memória é impossível desde o momento que o núcleo pulsional não permitiu uma história que se constitui e se enquadra numa estrutura memorial" (Viderman,1982; p. 30) a possibilidade da correspondência e do resgate representacional já não convence. O inconsciente não parece estar onde está a linguagem, e, portanto, não é a linguagem (não é a lembrança) que parece estar no inconsciente. Como já adiantamos em páginas anteriores, ao comentar o 'Caso Lucy', às vezes o que se reconhece como recordação recalcada, o que aparece como clara representação através da recuperação da lembrança, com lógica, com nexos, com organização, com um antes e um depois, nunca foi propriamente inconsciente. Se assim fosse, o inconsciente mesmo não poderia ser lembrado pela interpretação, ele só poderia ser suposto pela construção. Num fragmento citado por Loparic (1991; p. 46), Freud, debatendo com Kant, diz que a psicanálise constata que, "ao contrário da tese de Kant de que o tempo é uma 'forma necessária do nosso pensamento', ou ainda, uma 'forma necessária de nossos atos psíquicos', existem processos mentais, a saber, os processos primários inconscientes que não são ordenados temporalmente, não mudam com o tempo e não têm relação com a representação do tempo". Mas nos perguntamos

Alcances da interpretação

se a esses processos mentais atemporais podemos chamar de pensamentos, e se não seria o caso de reafirmar a idéia de que os pensamentos, as representações, a linguagem, as lembranças, todas elas temporais, estão fora do inconsciente.

Pensamos que em Freud ambas as concepções (realista e construtivista) estão presentes. No entanto, quando Freud define a construção como algo distinto da interpretação, podemos pensar que o movimento construtivo fica fora da interpretação. Freud não diz, por exemplo: esta é uma construção interpretativa, ou uma interpretação construtiva, mas nos diz que isto é uma interpretação ou que isto é uma construção.

A interpretação comporta um sentido mais realista quando vai pelo caminho das associações do paciente, em busca do dado, do fato, dos sentidos preestabelecidos, do deciframento, da decodificação de metáforas, do reencontro com representações recalcadas, e um sentido mais construtivista quando pretende inferir as relações de objeto tomando como eixo a transferência.

A construção, ao contrário, é um trabalho do analista. A cena primária do 'Homem dos lobos', por exemplo, precisou existir antes na teoria (na filogênese, nas fantasias originárias), na cabeça do analista, do que na experiência do sujeito. As construções não exprimem necessariamente a 'evidência dos fatos'. As pulsões precisam do fato, como sugere Loparic, para justificar-se, assim como entendemos que o recalque secundário precisou do primário, ou o narcisismo secundário precisou do narcisismo primário para lhe dar sustento. Talvez, como diz Loparic, sem a existência da cena primária não se seria capaz de dar conta da história da pulsão erótica. Por isso a psicanálise afirmará que a cena primária existiu," mesmo nos casos em que não pode provar essa afirmação pelos fatos" (*ibid.*; p. 52)[24].

Em que medida é lícito pensar que, à luz do que pudemos observar, mudaram depois de Freud as concepções em relação à interpretação?

Entendemos que não temos uma única concepção, uma única modalidade de interpretar a partir da qual podemos comparar. Há concepções e estilos diferentes de interpretar. No entanto, poderíamos dizer que a interpretação relativizou o papel da rememoração, e conservou em boa parte sua proposta racional, a ênfase na compreensão intelectual,

---

24. Mesmo que não o consigamos fazer, gostaríamos de assinalar que nos pareceria apropriado aqui poder pensar sobre o estatuto do ficcional e do mítico na teoria.

o esforço por simbolizar e por introduzir na consciência os complexos recalcados. Sob esse enfoque sobre a interpretação, encontramos um enfoque sobre a mudança. A interpretação pode fazer mudar porque dilui pela via da palavra o impacto do afeto, porque faz falar uma imagem auditiva, visual, sensorial pela representação, porque produz uma mudança de lugar, de qualidade, uma mudança de estado (do inconsciente para a consciência, de representação-coisa para representação-palavra), ou porque determina uma nova inscrição. A palavra de fato seria a grande senhora desse processo, que, enlaçando o afeto, transformaria as excitações em conexões e sentidos.

Dessas colocações, dois problemas, que queremos antecipar, nos parecem evidentes. O primeiro, tal como assinalamos no primeiro capítulo, e como também Schneider insiste, é que entre tantas representações e articulações de sentido podemos correr o risco de converter as análises em primorosos exercícios de revelação, de constatações, de controle de afetos, sem deixar de fomentar um campo psíquico movido por excessos de recalques inúteis. O segundo: mesmo concordando com o valor dos esforços interpretativos, nos defrontamos às vezes com a escassez das transformações e com a evidência de que nem tudo é suscetível de ser atraído pelas simbolizações. E isso que se abstém, ou melhor, que se opõe à interpretação constitui, concordando com Birman, nosso grande desafio.

No entanto, pensamos que os termos apresentados como "detradução", "surpresa", "ruptura de campo", chamam a atenção para um trabalho diferente dentro das próprias coordenadas interpretativas. Aqui a interpretação não só traduz, mas também 'detraduz', surpreende, rompe. Traduzir seria ficar no mesmo campo de pressupostos que os do paciente; diferentemente, a surpresa irrompe, distrai a linguagem, instala a dúvida, e com ela a possibilidade de novas descobertas ou invenções. A interpretação, assim, tentaria desmantelar o texto manifesto, e também desmantelar e reconstituir o campo de relações, reais e fantasmáticas, das posições assumidas com respeito ao outro, para que, deslocando-se o sujeito do lugar de demandante, possa abrir espaço ao movimento do desejo. A análise não é então um movimento só, não é traduzir *ou* 'detraduzir', construir *ou* deconstruir, é 'detraduzir' onde existe tradução, traduzir depois da 'detradução', e construir onde não tem construção.

Em resumo, o conceito de interpretação resulta por vezes tão

Alcances da interpretação 103

inapreensível quanto também, por vezes, resulta inapreensível o processo terapêutico. A resposta para o que causa transformação numa análise ainda é enigmática. E é por isso que continuamos a tentar inscrever pelo caminho das representações, das interpretações, a própria interpretação... mas ela escapa. Pensar que a interpretação é o motivo único das transformações é reduzir a uma variável apenas um complexo processo onde intervém uma multiplicidade de ingredientes (alguns ainda desconhecidos). "Curar um sintoma histérico por meio de uma interpretação — diz Viderman — é um golpe de sorte, não é um método (...)".

Mas, mesmo que a interpretação não seja o infalível método de 'cura' (nem sempre traz mudança, e mesmo frente a uma mudança é difícil precisar se ocorreu por causa dela), é um método. Um método de abertura de caminhos para as lembranças, um método de deciframento, um método de atribuição de sentidos para as metáforas do conteúdo manifesto, um método para caminhar do "racional ao real" pelo caminho dos significantes, ou do sentido. Mas por que, nos perguntamos, produziria uma mudança a descoberta de material novo, o deciframento, o desvelamento metafórico, a atribuição de um sentido? Como vimos, a interpretação entra em cena como efeito colateral da busca da compreensão, e isso marca sua existência. Compreensão, razões, *insight* e simbolização acompanham o esforço interpretativo. Entender amplia, faz nexos, liga às representações afetos aparentemente incompreensíveis, e isso tranqüiliza, diminui a angústia. Entretanto, a resposta "entendi... mas mesmo assim o sintoma continua" é mais presente do que gostaríamos. Se a "loucura" supõe-se como o plano da desrazão e a neurose como o plano do esquecimento das razões, poderíamos pensar como Hermann (pelo menos na neurose) que aquilo do que "a psicanálise cura é do esquecimento". Mas nem a loucura é "desrazão" (pelo menos tem a razão da loucura), nem a neurose é só esquecimento. Devolver as razões ao psiquismo consciente faz parte do processo, enriquece-o, mas não necessariamente o subverte.

Ficar no esforço interpretativo é ficar no movimento que o próprio psiquismo realiza, é reforçar uma cartografia que diagrama um psiquismo expandido no vasto campo das razões (psiquismo, assim, justificado na angústia dos primórdios por uma enigmática e indecifrável natureza), mas atrofiado, por assim dizer, no campo dos afetos e das livres associações. Por isso entendemos que o que subverte está na experiência: na experiência que o sujeito realiza com a associação livre (o

104   *Além dos limites da interpretação*

psiquismo sempre tem suas razões) e na experiência da transferência. O importante é que a transferência não use os lugares transferenciais somente para desvelar e elucidar o movimento psíquico, mas para criar um novo movimento.

Como vimos, a interpretação encontra suas razões no campo da primeira tópica, no conflito defensivo, na busca do desejo, no princípio do prazer, no recalque, na idéia da "neurose como esquecimento", e na idéia da transformação pela simbolização e pelo conhecimento. Por outro lado, encontra seu limite na irredutibilidade do campo das pulsões ao campo do simbólico, no precário domínio das tendências desagregadoras pelas tendências ligadoras da vida, na presença de um psiquismo complexo, que além de um inconsciente fundado no recalque mostra outros componentes mais primitivos, menos representacionais e mais "naturalizantes", que dificultam pensar na interpretação (só possível analiticamente, como diz Birman, 1991; p. 15, se "existem efeitos simbólicos do sujeito do inconsciente") como o procedimento único das transformações[25].

No próximo capítulo, tentaremos delinear esse campo dos limites que, ao menos aparentemente, se opõe, ou resiste, ao da palavra, ao da interpretação, e, em definitivo, ao das simbolizações.

---

25. Parece-nos importante ressaltar o fato de que a interpretação como conceito precede à incorporação do conceito de pulsão na obra de Freud. Por esse motivo (mesmo que no contexto deste trabalho não o possamos realizar) seria muito interessante poder deter-se no meio tempo que vai do trabalho da "Interpretação dos sonhos" de 1900 — onde o conceito de inconsciente domina o pensar em torno da teoria e técnica — ao trabalho dos "Três ensaios sobre uma teoria sexual" de 1905, onde o conceito de pulsão é introduzido.

Nos limites da interpretação

3

Uma vez assentadas as bases teóricas da primeira tópica, a interpretação é situada como conseqüência quase "natural" daquilo que seria a função do analista no processo terapêutico.

Várias questões, no entanto, emanadas das dificuldades da própria clínica, conduziram a assinalar os limites teóricos dessas formulações, introduzindo novas hipóteses e, como conclusão, o que conhecemos como segunda teoria das pulsões e segunda tópica.

Sem dúvida, essas alterações trouxeram uma reviravolta no corpo teórico da psicanálise; reviravolta que não encontrou seu correlato, com igual intensidade, no fazer analítico. A interpretação, a produção de simbolizações, continuou — não só para surpresa de Freud[26] — ocupando a maior parte da cena, e o lugar de instrumento prioritário, quase exclusivo, da prática do analista.

Neste capítulo, vamos alinhar os motivos que, partindo da prática clínica, levaram à revisão da teoria, bem como indicar aspectos que, a partir da metapsicologia, parecem assinalar os limites da interpretação.

Repetidamente, Freud reclamava dos resultados dos tratamentos. Desde as cartas a Fliess até um de seus últimos trabalhos — "Análise terminável e interminável" (1937a) — insiste na necessidade de se perguntar sobre os "obstáculos que se encontram no caminho da cura". Exemplos de retorno de sintomas depois de finalizada a análise, ou de pacientes que adoecem como conseqüência não de uma privação, mas do êxito nas suas vidas ou da possibilidade de verem satisfeitos seus desejos, ilustram em parte os limites da análise, e as fortes, e quase insolúveis, resistências presentes em muitos dos tratamentos.

No 'Caso Dora' (1905), como vimos, no caso do 'Homem dos

---

26. "Se nos trabalhos sobre técnica psicanalítica se diz tão pouco acerca das 'construções' é porque em lugar delas se fala das interpretações e de seus efeitos. Mas acredito que 'construção' é certamente a palavra mais apropriada. O termo 'interpretação' se aplica a alguma coisa que alguém faz com algum elemento simples do material, como uma associação ou uma parapraxia. Mas é uma construção quando se coloca ante o sujeito analisante um fragmento de sua história anterior" (1937; p. 3.367).

106 *Além dos limites da interpretação*

ratos' (1909), como melhor desenvolve L. C. Menezes (1991), e no artigo de 1916, intitulado "Vários tipos de caráter descobertos no trabalho analítico", Freud nos põe em contato com muitas das dificuldades que o surpreendem. No 'Caso Dora', tentando dar conta dos infrutíferos resultados "que impediram que a cura se concluísse com um alívio reconhecido seja pela paciente seja pelos seus familiares" (1905; p. 998), Freud se aproxima tanto das problemáticas da transferência e da repetição, como da presença de uma força (que só mais tarde teoriza) que, parecendo estar além do princípio do prazer e do recalque, se opõe ao processo de cura. Reiterando um texto, já em parte mencionado, vemos que Freud relaciona os bons resultados de um tratamento à interpretação de conflitos, quando eles estão relacionados a "impulsos de natureza sexual" (ou seja, o que definirá mais tarde como pulsões de vida), enquanto fala de fracasso quando os sintomas ficam à mercê de "motivos exteriores da vida" (como aqueles que, se repetem na transferência, e que posteriormente, acreditamos, estarão vinculados à pulsão de morte). Diz, portanto: "resultados satisfatórios se conseguem sempre que os fenômenos patológicos são mantidos exclusivamente pelo conflito interno entre os impulsos de ordem sexual. Nestes casos, vemos melhorar os pacientes na exata medida em que vamos contribuindo para a solução de seus conflitos psíquicos por meio da *tradução* do material patógeno em material normal. Por outro lado, os outros casos — em que os sintomas estão a serviço dos motivos exteriores da vida, como no caso Dora durante os dois últimos anos —, seguem um curso diferente. Neles, é estranho, podendo inclusive induzir a erro, ver que o estado do paciente não apresenta nenhuma modificação visível, mesmo que a análise esteja muito avançada. Mas o resultado da mesma, na realidade, não é tão negativo. Os sintomas não desaparecem durante o desenvolvimento do trabalho analítico, mas sim uma vez terminado este e dissolvidas as relações do paciente com o médico. O atraso da cura ou do alívio tem, efetivamente, sua causa na própria pessoa do médico" (itálico nosso, 1905a; p. 998).

Freud coloca a questão do limite, mas atribui a responsabilidade pelo desfecho exclusivamente aos restos da transferência e à sua insuficiente interpretação — tal como fará posteriormente, ao avaliar o resultado do tratamento do 'Homem dos lobos'.

Muitos anos depois, em "Análise terminável e interminável", Freud se detém nos fatores que, a partir do paciente, levam a resulta-

Nos limites da interpretação 107

dos desfavoráveis num tratamento, e nos motivos que favorecem a reincidência de processos patológicos em pacientes que anteriormente tinham usufruído de tratamento psicanalítico. Além da questão da transferência — sobre a qual diz que nem todos os conflitos do paciente se reatualizam nela (por exemplo, no caso da transferência negativa no tratamento de Ferenczi) — retoma a idéia das séries complementares, e a importância que a combinação dos fatores constitucionais e acidentais têm nos resultados do tratamento. Além deles, a força do eu será também determinante.

Dentre os fatores constitucionais, enfatiza o papel da intensidade das pulsões, revitalizando desta forma o negligenciado enfoque econômico. Pergunta-se pela forma como se resolve um conflito entre uma pulsão e o eu, que entendemos ser uma pergunta diferente daquela que indaga como se resolve um conflito entre o desejo e a defesa. No entanto, a resposta para essa pergunta fica pouco compreensível e difusa: "o que nossa bruxa nos revela, dirá Freud, não é nem muito claro nem muito detalhado. Só temos uma única pista para começar, mas é uma pista do maior valor: a antítese entre os processos primários e secundários..." (1937; p. 3.345). A análise, a esta altura da teoria, no fim das suas exposições, aposta mais nos esforços defensivos do eu do que em tornar consciente aquilo que era inconsciente. Trata, em resumo, de revisar antigos recalques e de fortalecer os diques para conter as pulsões. Mas, afinal, por mais que uma transformação seja muitas vezes efetiva, Freud advertirá que "... *fragmentos dos velhos mecanismos ficam inalterados pelo trabalho analítico*" (...) e que "... curar as neuroses pela obtenção do controle sobre a pulsão é sempre correto na teoria, mas nem sempre possível na prática" (*ibid.*; p. 3.348, itálico nosso). A pergunta sobre como se resolve o conflito entre a pulsão e o eu, ou a indagação sobre o que escapa à transformação pela consciência do recalcado parecia em princípio mais audaz do que a resposta, segundo a qual o efeito terapêutico é obtido ora pelo controle e domínio da pulsão, ora tentando "que se faça consciente o que se encontra recalcado, no sentido mais amplo, no id" (*ibid.*; p. 3.355).

O caso do 'Homem dos ratos' mostra novos limites. Nele, vai ficando estreito o marco oferecido pela primeira tópica, pela idéia do conflito defensivo e pelo princípio do prazer como princípio que rege o funcionamento psíquico. Num artigo esclarecedor, L. C. Menezes nos diz: "a análise revelou como peça central desse caso de neurose obsessiva o ódio inconsciente recalcado[27] contra o pai", acrescentando que "a oposição eu-pulsão sexual é deslocada para a oposição amor-ódio..." (1991; p.18). Essa nova oposição que encontra sua razão nas raízes do ódio e do amor contribuirá, como assinala Menezes, para reconsiderar mais tarde a metapsicologia presente até então, introduzindo no aparelho psíquico a problemática do ódio e da destrutividade, sob a forma da pulsão de morte.

Se, por um lado, esta ambivalência ódio-amor no 'Homem dos ratos' em alguns momentos se explique e se resolva a partir da conflitiva edípica, pelas interdições da figura paterna, por um conflito defensivo que opõe o amor (como formação reativa) ao ódio contra o pai, por outro lado essa explicação resulta insuficiente. A cena edípica parece encontrar sua energia num conflito pulsional anterior. Freud irá buscar na pulsão de morte, no "componente sádico" dessa pulsão, um motivo para a hostilidade.

Tudo parece indicar que o ódio, gerador por sua vez do sentimento de culpa inconsciente, e a conseqüente necessidade de castigo, sob a forma da "reação terapêutica negativa", farão experienciar à análise um importante limite. Em "Ego e o id", de 1923, e três anos mais tarde, no trabalho "Inibição, sintoma e angústia", Freud falará da "reação terapêutica negativa" como uma das manifestações mais severas da resistência ao processo de cura. Por ela, "... cada vez que caberia esperar do progresso da análise uma melhora, tem lugar uma agravamento, como se certos indivíduos preferissem o sofrimento à cura".

Anos antes, em 1916, Freud já exemplificava com personagens da literatura essa particular tendência de certas pessoas de sucumbir à enfermidade após verem realizados seus desejos.

Até então, eram só as privações e a frustração — contrárias ao princípio do prazer —, produzidas por um conflito entre as pulsões de ordem sexual e as de autoconservação, que podiam explicar a neurose. Como seria possível agora entender que alguém pudesse adoecer por ter conseguido a satisfação ou o êxito esperado, tão cobiçado e bem tolerado na fantasia?

Em princípio, Freud atribuirá esse movimento às tendências pu-

---

27. É interessante notar nesta menção a presença do ódio recalcado. O ódio fica fora da categoria dos afetos ou então temos afetos recalcados, ou então afetos, intensidades, que mesmo sendo inconscientes não foram recalcados.

Nos limites da interpretação 109

nitivas, a um superego que reclama castigo para diminuir a culpa. Tanto nos textos de 1923 e 1926 como nas "Novas lições introdutórias à psicanálise" (1932), Freud indaga mais enfaticamente sobre essas questões. Nos três trabalhos, e mais especificamente na conferência XXXII — "A angústia e a vida instintiva" — dirá que a necessidade de castigo aparece como uma espécie de prolongação da consciência moral no inconsciente, e que ambas (consciência moral e necessidade de castigo) estariam vinculadas na sua origem à severidade do super-ego, que por sua vez estrutura seu rigor no contexto edípico. "O super-ego — dirá — conserva o caráter do pai, e quanto mais intenso tenha sido o complexo de Édipo e a rapidez de seu recalque (sob as influências da autoridade, da religião, do ensino e das leituras), mais severamente reinará depois sobre o eu como consciência moral ou talvez como sentimento inconsciente de culpa" (*ibid.*; p. 2.714).

Portanto, é o fator moral, o recalque dos impulsos, que desencadeia o sentimento de culpa, e como conseqüência a busca do castigo, que encontra na enfermidade sua satisfação. Tornar consciente pela análise esse sentimento de culpa, descobrindo seus fundamentos recalcados, é a difícil tarefa que segundo Freud abre um canal para o êxito terapêutico. Mas, acrescentará, a possibilidade ou não dessa conquista depende em última instância da intensidade desse sentimento.

Até aqui, poderíamos pensar que estamos num terreno conhecido: como qualquer produto neurótico a agressão, e como conseqüência o sentimento de culpa, passam a ser resultantes do recalque e do conflito defensivo, continuando portanto o inconsciente recalcado como o objeto da análise. Mas Freud não deixa o super-ego com suficiente autonomia para poder produzir isoladamente esse movimento. Destaca suas raízes vinculadas ao id e as relações estreitas que mantém com ele. Assim, o super-ego se nutre de seu componente destrutor, ou seja, da sua pulsão de morte, acentuando no seu interior o sadismo. Se na primeira tópica os afetos ficavam localizados no nível do pré-consciente e da consciência, na segunda o id, inconsciente, acolhe na sua penumbra as moções afetivas, as quantidades. Um dos papéis importantes do id nesta nova construção teórica será justamente ser suporte e sede da presença pulsional, da fonte destrutiva no interior do aparelho psíquico tão fortemente evidenciada na clínica.

A presença do id vinha se anunciando bem antes de 1923, quando é apresentado no texto do "O ego e o id". Já desde o artigo "O inconsciente" de 1915, situado ainda no contexto da primeira tópica, Freud vai abrindo caminho para situar conteúdos inconscientes que não serão exclusivamente recalcados: "... queremos deixar assentado desde o princípio, dirá, que [o recalcado] não constitui por si só todo o conteúdo do inconsciente. O inconsciente tem um alcance mais amplo e o recalcado é, portanto, uma parte do inconsciente" (1915; p. 2.061). Embora neste momento seja possível que a diferença entre esses inconscientes (recalcado e não recalcado) não tenha mais do que um caráter tópico-descritivo, mais tarde, em "O ego e o id", esta diferença se aprofunda, e aquilo que será inconsciente, mas não recalcado, será o importante fator de renovação na teoria. "Reconhecemos — dirá novamente Freud em 1923 — que o inconsciente não coincide com o recalcado. Todo o recalcado é inconsciente, mas nem todo o inconsciente é recalcado" (1923, p. 2.704). Nesta porção inconsciente mas não recalcada modelam-se agora, com certa precisão, os mecanismos de defesa do eu e aspectos do id.

Através de vários textos, Freud vai acrescentando os traços que configurarão essa instância. "O ego e o id" é o ponto inicial desse seu esforço. Ainda de forma sintética e pouco desenvolvida, dirá nesse texto que no id reina sem restrições o princípio do prazer e habitam as paixões. Em 1932, nas "Novas lições introdutórias" será mais detalhado. Chama a atenção para a designação impessoal que o id recebe, assinalando sua independência e distanciamento com respeito às outras instâncias. Nada o antecede, mas muito começa com ele. Para definir o id, Freud toma por um lado os atributos que usou outrora para definir o inconsciente. Dessa forma dirá: "é a parte obscura e inacessível de nossa personalidade; o pouco que dele sabemos é averiguado por meio do estudo da elaboração onírica e da produção de sintomas neuróticos..." (1932; p. 3.142). Nele dominam as regras do processo primário: "... não são válidas as leis lógicas do pensamento e... o princípio de contradição.... Não há no id nada equivalente à negação, e comprovamos nele com grande surpresa a exceção daquele princípio filosófico segundo o qual o espaço e o tempo são formas necessárias de nossos atos anímicos. No id não há nada que corresponda à representação do tempo... Os impulsos optativos... e as impressões que o recalque incluiu no id são virtualmente imortais, e se comportam, mesmo depois de décadas, como se acabassem de nascer"; "só chegam a ser reconhecidos como pretéritos e despojados de sua carga de energia quando o trabalho psicanalítico os faz conscientes, e é nisto que repousa principalmente o efeito terapêutico do

Nos limites da interpretação 111

tratamento analítico" (*ibid.*; p. 3.142-43). Por outro lado, diferentemente do velho inconsciente cheio de representações, "tudo o que o id contém são cargas de pulsões que demandam derivação" (*ibid.*; p. 3.143)[28]. A energia que nele circula se encontra mais livre e móvel do que a que circula nos outros sistemas. Ela tem a volubilidade da desordem, a marca do caos e a força de "um caldeirão cheio de fervilhantes estímulos"(*ibid.*; p. 3.142). Espécie de mito das origens, ele também contém "tudo o que foi herdado, o inato, o constitucionalmente estabelecido..." (1938 [1940]; p. 3.380). O id nos traz então o lugar de reconhecimento de uma origem (origem arcaica que entrecruza biológico e psíquico), o lugar das fantasias originárias, um lugar para os afetos, para as quantidades, um lugar para a pulsão de morte, para a energia não ligada, para a natureza, como diz Monzani (1989), "não-representativa".

Como vimos, encontramos na "reação terapêutica negativa" a presença do super-ego e do id (com seus aspectos representáveis e não representáveis) que se impõem com suas forças punitivas e destruidoras contra a própria pessoa.

Investigando por outras vias, Freud vai encontrar igualmente no masoquismo — na busca de uma satisfação vinculada ao sofrimento — um fundamento para a reação terapêutica negativa. Em última instância, encontramo-nos assim de novo com a pulsão de morte, com a paradoxal imagem que não representa, com o barulho que só silencia, com uma força que é força enquanto rompe ou paralisa.

Em "Três ensaios sobre uma teoria sexual" (1905c) e em "Os instintos e seus destinos" (1915), Freud trabalha com o conceito de masoquismo como componente indissolúvel do par sadismo-masoquismo. No primeiro, localizará nessa combinação, nessa "tendência a causar dor ao objeto sexual [forma ativa] ou ser maltratado por ele [forma passiva], a mais importante e freqüente das perversões" (colchetes nossos, 1905c; p. 1.185). Assinala que essas tendências não se encontram separadamente no sujeito; elas convivem simultaneamente, sendo ambas as duas faces de uma mesma perversão: "Um sádico é sempre e ao mesmo tempo um masoquista, e inversamente" (*ibid.*; p. 1.186). Já no segundo texto, o sado-masoquismo é retirado do espaço das perversões e colocado como um

---

28. Embora seja importante enfatizar esta faceta, não podemos esquecer que em 1938 Freud vai deixar claro que o id, além do "acervo inato" e cargas pulsionais, inclui inconsciente recalcado "adquirido durante o desenvolvimento do eu" (1938 [1940]; p. 3.390).

destino pulsional no curso do desenvolvimento da libido sexual, que afeta o fim sexual. Essa idéia reafirma aquela já insinuada em 1905, quando Freud se referia às tendências ativas-passivas como caracteres gerais da vida sexual.

Em "Três ensaios sobre uma teoria sexual" Freud lança uma flama de incerteza sobre a origem dessas tendências. Falando sobre o masoquismo dirá: "É duvidoso se aparece originariamente, ou se se desenvolve sempre partindo do sadismo e por uma transformação deste" (1905c; p. 1.185-86). No entanto, até 1924, adota a idéia do sadismo como uma tendência anterior ao masoquismo, definido este último como um "sadismo voltado contra o sujeito", que transforma assim o fim ativo em passivo. "Não parece existir um masoquismo primitivo não nascido do sadismo...", diz em 1915 nos "Instintos e seus destinos" (1915; p. 2.045)

Portanto, a partir dessa perspectiva, o masoquismo aparece como efeito das frustrações da libido, das interceptações da pulsão no mundo externo, que volta então insatisfeita sobre o próprio sujeito. Essa concepção de masoquismo coincidirá com aquela que encontraremos posteriormente, em 1924, sob o nome de masoquismo secundário: a "reversão contra a própria pessoa do sadismo que não foi utilizado na vida..." (Nota de 1924, em 1905c; p. 1.186).

O tema do sofrimento como fim sexual, que culminará, entendemos, com a hipótese de um "além do princípio do prazer", e a questão da vinculação do masoquismo com a pulsão de morte (no sentido de que "toda pulsão de morte se encontra voltada contra o sujeito"), começam já desde os "Três ensaios sobre uma teoria sexual" a ser debatidos.

Freud vai mudando de posição, e em nenhuma delas parece suficientemente contundente. Não só as posteriores reflexões sobre a guerra o levarão a especular sobre a pulsão destrutiva. Em 1905, já escreve: "A história da civilização humana nos ensina, sem deixar lugar a dúvidas, que a crueldade e a pulsão sexual estão intimamente ligadas" (1905c; p. 1.186), destacando assim a presença de elementos agressivos na libido. Cita de maneira instigante alguns autores que, vendo nesses elementos agressivos restos de prazeres canibais, concluem que "cada dor leva em si e por si mesma a possibilidade de uma sensação de prazer" (1905c; p. 1.186). Encontramos aqui o prazer e a dor numa sugestiva comunhão, que será retomada por Freud posteriormente. Por outro lado, em "Os instintos e seus destinos", já em nome próprio, parece desdizer a suspeita anterior (da crueldade orientada para um outro como fim original próprio

Nos limites da interpretação 113

da pulsão), quando declara que "a psicanálise parece demonstrar que causar dor não desempenha papel algum entre os atos finais primitivos da pulsão" (1915a; p. 2.045), e que só na fase masoquista a atividade pulsional adquire significação sexual; a dor produz então um estado de prazer. Portanto, o fim sádico de causar dor não é próprio do sadismo, e só surge nele como fim regressivo depois que a dor chegou a ser um fim masoquista, provavelmente como conseqüência da identificação masoquista com o sujeito que sofre. Nesse movimento que tenta situar a relação entre o prazer sexual e a dor, o masoquismo — ainda que como movimento secundário ao sadismo — fica fortalecido.

Mas deixemos por enquanto em suspenso a problemática do masoquismo, e detenhamo-nos um pouco nesse intervalo que vai entre os textos da metapsicologia de 1915 e o texto que depois retomaremos, "O problema econômico do masoquismo" de 1924, onde será apresentado o "primeiro tempo masoquista". O ápice da teorização dessa problemática (da relação prazer-sofrimento) é encontrado no famoso texto de 1920 — "Além do princípio do prazer" —, onde, ao pesquisar o além desse princípio, Freud incursiona para além do "princípio" do inconsciente, sugerindo então explorar também um possível 'além do princípio da interpretação'.

Só quatro anos mais tarde, Freud modificará a idéia que sustenta ainda neste texto: "Resolvemos relacionar o prazer e o desprazer com a quantidade de excitação existente na vida anímica, excitação não ligada a nenhum fator determinado, correspondendo o desprazer a uma elevação e o prazer a uma diminuição de tal quantidade" (1920; p. 2.507). A problemática do prazer-desprazer vinculada à problemática das quantidades e ao "princípio da tendência à estabilidade" de Fechner, já presente desde os primeiros trabalhos (*Projeto de uma psicologia para neurólogos*, de 1895, por exemplo), volta neste texto de maneira semelhante. O que será colocado em questão, de maneira diferente, é a idéia do domínio do princípio do prazer como único orientador da dinâmica psíquica. Na verdade, até aqui, ainda nada muito novo. Quando Freud escreve em 1912 "Os dois princípios do funcionamento mental" e introduz a expressão "princípio do prazer", já destaca, por um lado, como característica do funcionamento mental inconsciente, os processos primários que obedecem ao princípio do prazer, e por outro lado, a presença de um outro princípio, o princípio de realidade, que o psiquismo criou para contrabalançar as frustrações e o desprazer que o próprio princípio do prazer produz na sua realização: "... é inexato, dirá Freud, falar de um domínio do princípio do prazer sobre o curso dos processos psíquicos. Se tal domínio existisse, a maior parte de nossos processos psíquicos teria que apresentar-se acompanhada do prazer ou conduzir a ele, o que é energicamente contradito pela experiência geral. Existe efetivamente na alma uma forte tendência ao princípio do prazer, mas a esta tendência se opõem outras forças ou estados, determinados de tal maneira que o resultado final não pode corresponder sempre a ela" (1912a; p. 1.639)

No entanto, e mesmo como Freud o descreve, o princípio de realidade é decorrente do princípio do prazer, e não o substitui. Mesmo que muitas vezes possa aparentar ser contrário a ele, em definitivo não o contradiz, pois permite — mediante negociações — sua realização. O princípio de realidade não tem a função de impedir, mas de regular e de postergar o que por caminhos mais curtos e intempestivos o princípio do prazer gostaria de ver concretizado. Por esse motivo, a ação do princípio de realidade pode experimentar-se como perturbadora e contrária à satisfação.

Uma das questões que Freud vai examinar em "Além do princípio do prazer" é se, fora o princípio de realidade (que como vimos pode mostrar-se e até experimentar-se como contrário ao do prazer), existem outros fatores ou condições que se opõem ao princípio do prazer, pois só é possível atribuir ao princípio de realidade "... uma pequena parte, e certamente não a mais intensa, das sensações de desprazer" (1920; p. 2.509).

Com esse propósito Freud se detém em outras manifestações, como as neuroses traumáticas[29], as neuroses de destino[30], e enfim, na repetição de situações desagradáveis, que pelo caráter desprazeroso que

---

29. Consultando Laplanche e Pontalis, vemos que Freud define como *neurose traumática* "um tipo de neurose em que os sintomas aparecem consecutivamente a um choque emocional, geralmente ligado a uma situação na qual o sujeito sentiu ameaçada sua vida. A sua evolução ulterior permitiria distinguir dois casos: a) o trauma atua como elemento desencadeante, revelador de uma estrutura neurótica preexistente; b) o trauma possui uma parte determinante no conteúdo mesmo do sintoma (repetição mental do acontecimento traumático, pesadelos repetitivos, transtornos do sonho etc.), que aparece como uma tentativa de 'ligar' e descarregar por ab-reação o trauma; tal 'fixação ao trauma' acompanha-se de uma inibição, mais ou menos generalizada, da atividade do sujeito" (1968; p. 264).
30. *Por neurose de destino* designa-se "uma forma de existência caracterizada pelo retorno periódico das mesmas concatenações de acontecimentos, geralmente desgraçados, concatenações às quais parece encontrar-se submetido o sujeito como a uma fatalidade exterior, enquanto, segundo a psicanálise, devem-se buscar os fatores desse fenômeno no inconsciente e, especificamente, na compulsão à repetição (Laplanche e Pontalis, 1977; p. 257).

Nos limites da interpretação

apresentam parecem contrárias ao princípio do prazer.

Nas neuroses traumáticas, produz-se uma afluência incontrolável de excitação pelo impacto de um acontecimento que surpreende. O que chama a atenção é que, após o incidente, o sujeito, através do sonho, ou em situações de vida, buscará repetir a situação traumatizante que teme. Que será que acontece, pergunta-se Freud, para que os sonhos reiterem o acontecimento sofrido? Acaso o propósito do sonho não é a realização de um desejo? Não seria então o caso de prever que a pessoa sonhe com a cura esperada, ou com os momentos de saúde? Poderíamos pensar, sugere Freud, que quando o sonho repete o acidente traumático é porque ele também ficou afetado pelo trauma — desviando-se assim de suas prazerosas intenções — ou porque as tendências masoquistas tomaram conta. No entanto, uma terceira possibilidade se desprende: "Frente à afluência de excitação que irrompe e põe em perigo sua integridade, o sujeito não pode reagir nem de forma adequada, nem por meio de uma elaboração psíquica. Impedido em suas funções de ligação, *repetirá* de forma compulsiva, especialmente nos sonhos, a situação traumatizante, *a fim de tentar ligá-la*", (grifo nosso, Laplanche e Pontalis, 1968; p. 267).

Nos jogos das crianças, Freud descobre também a repetição de cenas sofridas. A partir da famosa brincadeira do "carretel", tenta destrinchar a origem da repetição. Descreve-nos o exemplo de uma criança de ano e meio que brincava de jogar os brinquedos para um canto do quarto, embaixo da cama ou em lugares análogos onde era difícil achá-los, acompanhando de um som, *o-o-o-o*, que Freud interpreta como sendo fora (*fort*), e que os trazia de volta (só que com menos freqüência) com um *a-a-a-*, o da (*aqui*). "Este era o jogo completo: desaparição e reaparição, jogo do qual só se concretizava em geral a primeira parte, a qual era incansavelmente repetida por si só, mesmo que o maior prazer estivesse indubitavelmente ligado ao segundo ato" (1920; p. 2.512).

Numa primeira interpretação, Freud relacionará esse ato com a renúncia à satisfação da pulsão. Para compensar a ausência da mãe, a criança colocava em ato uma cena onde estava presente a desaparição, mas também o retorno do objeto. Mas assim como no sonho, Freud se pergunta: por que pôr em cena uma situação penosa (a saída da mãe)? Como ela poderia ser conciliada com o princípio do prazer? Se bem que a partida seja a condição para o reencontro, e nessa compensação final poderíamos achar a justificativa, Freud nos lembra que a primeira parte do jogo, a partida, era a que mais se repetia e parecia ser a mais importante. Dessa situação, Freud depreende duas ocorrências: por um lado, a mudança da posição passiva na cena real à posição ativa na cena representada, que poderia ser justificada pela colocação em ação de uma "pulsão de domínio", e, por outro, a presença de um desejo de vingança pelo abandono: "Pode ir embora, não preciso de você, sou eu mesmo que te deixo" (1920; p. 2.512).

Entendemos que até este momento Freud associa a repetição a uma ação defensiva contra a angústia (despertada pelo abandono da mãe), recriando a cena para dominá-la, seja pela inversão da posição da criança frente à mãe (de passivo a ativo — "não é ela que me abandona, sou eu que a abandono"), seja pela vingança, ("eu faço o outro sofrer aquilo que eu mesmo sofri"), ou então para inventar outro desenlace onde o prazer da pulsão recalcada encontre (como na alucinação), se não uma satisfação, ao menos um apaziguamento. Pulsão de domínio, impulso de vingança e tentativa de elaboração através das ligações parecem descrever aqui a base onde a repetição assenta suas raízes.

A partir dessa observação, Freud conclui com as seguintes frases: "Chega-se assim a suspeitar que o impulso que conduz a elaborar psiquicamente algo impressionante, conseguindo deste modo seu total domínio, pode chegar a manifestar-se primariamente e com independência do princípio do prazer. No caso aqui discutido, a única razão para que a criança repetisse como jogo uma impressão desagradável é que à tal *repetição se enlaçava uma consecução de prazer de gênero distinto, porém, mais direta*" (1920; p. 2.513, grifo nosso. Observe-se que Freud fala de um prazer de gênero distinto e não de um princípio).

Qual é, portanto, a relação dessa repetição com o princípio do prazer, e como se comporta em relação a esse suposto "outro" prazer ou princípio? Por que a pulsão de domínio, o desejo de vingança e a produção de ligações, já que tentam evitar o desprazer (o excesso de excitação), não poderiam estar orientados pelo princípio do prazer, e para explicá-los precisamos apelar para outro princípio?

Num outro exemplo, nas neuroses de destino, a repetição do desprazer de novo se torna evidente. O sujeito, diz Freud, tem a sensação de que um destino o persegue, ou que então "uma influência demoníaca" o determina: "... conhecemos indivíduos nos quais toda relação humana chega a igual desenlace: filântropos aos quais todos os seus protegidos, por diferentes que sejam seu caráter, abandonam irremedia-

Nos limites da interpretação 117

velmente, com enfado, depois de certo tempo, parecendo assim destinados a saborear todas as amarguras da ingratidão; homens para os quais toda amizade acaba com a traição do amigo; pessoas que repetem várias vezes na vida o fato de elevar alguém como autoridade acima de si mesmas para depois de algum tempo derrocá-las, elegendo outra em seu lugar; amantes cuja relação com as mulheres passa sempre pelas mesmas fases e chega ao mesmo desenlace" (1920; p. 2.516). Mas a psicanálise não verá nesses acontecimentos a obra de qualquer determinação externa e sim o peso da compulsão repetitiva que leva ao sujeito a situar-se permanentemente em situações similares. Embora Freud não se afaste dessa idéia, deixa sutilmente em aberto espaço para outras especulações. Até Jung é lembrado numa passagem em que a repetição explicada por esses fatores pulsionais internos parece menos convincente, como neste trecho: "Não nos maravilha em excesso este 'perpétuo retorno do mesmo' quando se trata de uma conduta ativa do sujeito e quando encontramos o traço caraterístico permanente de seu ser, que tem que manifestar-se na repetição dos mesmos atos. Mas sim estranhamos aqueles casos em que os acontecimentos parecem encontrar-se fora de toda possível influência do sujeito, e este passa uma e outra vez passivamente pela repetição do mesmo destino" (*ibid.*; p. 2.516), como no caso de uma mulher que viu adoecer e morrer sucessivamente a seus três maridos.

Diremos, então, que as situações assinaladas (os sonhos das neuroses traumáticas, as brincadeiras das crianças, as neuroses de destino) levarão Freud a destacar a existência de uma *repetição anterior e independente do princípio do prazer, localizada "mais além" dele.*

Embora a conclusão pareça muito assertiva, os argumentos que a compõem deixam vários fios de incertezas, especialmente quando pensamos na repetição das brincadeiras das crianças, onde a tentativa de ligar, de elaborar, quer dizer, de diminuir as excitações, parece o principal motor da repetição do fato aflitivo.

Como justificar e concluir, então, a presença desse outro princípio, aparentemente mais "primitivo, elementar e instintivo" que o princípio do prazer ?

Antes de estruturar a resposta, Freud consigna um primeiro alerta: "O que segue é pura especulação... é uma tentativa de perseguir e esgotar uma idéia por curiosidade de ver até onde ela chega" (1920; p. 2.517). A partir do capítulo IV, várias analogias, especialmente com o

118   *Além dos limites da interpretação*

campo biológico, servirão de suporte para levantar as hipóteses. Uma primeira, entre a vesícula e o sistema Cc., permite pensar sobre um momento anterior à ligação das excitações, quando o estado precisa de 'desligamento', de 'anarquia pulsional'[31], produzido por cargas móveis, transferíveis, deslocáveis e condensáveis, precisa ligar-se para que o princípio do prazer se instaure. Freud mostra como o organismo está sujeito a dois tipos de estímulo: externos e internos. Frente aos primeiros existe uma proteção, que permite que o impacto das cargas se atenue. No entanto, contra os estímulos internos, esta proteção não existe, podendo produzir — tanto quanto os estímulos externos quando transpassam a barreira de proteção — um efeito traumático[32]. Antes, portanto, da instauração do princípio do prazer, digamos que governa um 'aquém" do princípio do prazer, um 'princípio' de dispersão pulsional, de nirvana, de repetição, "cujo trabalho parece mais primitivo que a intenção de conseguir prazer e evitar o desprazer" (1920; p. 2.522).

Essa condição primeira, esse movimento anterior à ligação das excitações pulsionais (que só com a posterior ligação passará a ser regido pelo princípio do prazer), mostrará sob a forma conservadora da repetição o caráter essencial que Freud atribui à pulsão em seu estado — diríamos — mais arcaico e natural: "a de ser uma tendência própria do orgânico vivo à reconstrução de um estado anterior, que o animado teve que abandonar sob o influxo de forças exteriores, perturbadoras..." (*ibid.*; p. 2.525). Neste movimento de insistente repetição, as pulsões buscam a reconstituição do passado, a volta às origens, ao inanimado, ao estado de 'tranqüilidade' anterior. Embora Freud fale deste movimento como

---

31. Queremos deixar indicada uma certa dúvida com respeito à pertinência de falar aqui em pulsão; algo nos faz pensar que a pulsão como tal é correlativa ao princípio do prazer e, portanto, posterior.

32. Interessa-nos destacar aqui a idéia de trauma, de um trauma que se produz não só pelo efeito da estimulação externa, mas por efeito, como aqui podemos ver, da origem traumática da pulsão, que mantém essa condição até que sua ligação, ou inscrição, se realize no universo das representações. Esse desajuste traduzido, como dizem Laplanche(1992) e Birman (1991), entre a força da pulsionalidade e a insuficiente representação do infante, era entendido na "Comunicação preliminar" (Freud,1892-95) como sendo um desajuste entre a impressão e a dificuldade de ser processada pelo pensamento associativo ou pela reação motriz. Mesmo distantes, as duas posições apontam o efeito traumático como conseqüência da impossibilidade, ou do fracasso, de uma ligação às excitações do corpo, à percepção, às quantidades e à representação. O trauma que se desenvolve então neste ambiente (no das percepções e do corpo) fica situado fora da tópica e do recalcamento.

Nos limites da interpretação 119

um movimento característico de toda pulsão, passará logo a diferenciar esse peculiar sentido da pulsão daquele que, ao contrário, aspira não a uma dissolução, mas a uma imortalidade, a uma criação vital. Dessa forma reconhecerá em todo ser vivo duas tendências, uma que "leva a vida em direção à morte" (que chamará de *pulsões de morte)*, e outra tendência de natureza libidinal, que aspira à perpetuidade, à conservação, à "renovação da vida" (e que chamará de *pulsões de vida).*

Nesse contexto, a repetição coloca-se como uma forma inicial, como um 'princípio' anterior e independente ao princípio do prazer, atuando defensivamente quando o inanimado é perturbado pela vida. Nesse sentido, Freud dirá que "... depois de despertados, na matéria inanimada, por forças inimagináveis, as qualidades do vivente, a tensão produzida por essa irrupção gera a tendência de retorno ao estado anterior" (1920). Não é difícil assim pensar a repetição vinculada à pulsão de morte, no sentido do eterno retorno, mas é difícil pensá-la como tendência que procura instalar o sofrimento. Ao contrário, ela parece buscar *livrar-se da dor e dos excessos*. O que parece repetir-se é um conhecido estado anterior, não só a dor; o que é bom também se repete.

Afinal, o que repete então a repetição, que prazeres ou desprazeres a determinam?

Retrocedendo um pouco, vemos que, vários anos antes do texto de 1920, o fenômeno da repetição já tinha se tornado o foco das preocupações do trabalho analítico. Freud constatava que, em lugar de recordar, o paciente reproduzia na relação com o terapeuta afetos, sentimentos e relações que remetiam às antigas experiências e fantasias, nas quais as atuais tinham tido sua origem. "O paciente não lembra coisa alguma do que esqueceu ou recalcou, mas vive tudo de novo. Ele reproduz, continua Freud, não como lembrança, mas como ato, repete sem saber que está repetindo" (1914a; p.1.684). Em "Recordar, repetir, elaborar", Freud se detém para pensar sobre a relação entre a recordação e a repetição, concluindo que esta não passa de uma maneira de lembrar o que estava indisponível à consciência por causa do recalque. O que o paciente repete são experiências desprazerosas: inibições, tendências, seus traços de caráter patológico. A repetição traz uma constante, uma marca, um passado, "... tudo o que incorporou o seu ser, partindo das fontes do recalcado"(1914a; p. 1.685). Nada de novo então parece repetir-se. São os sonhos de angústia, os cerimoniais obsessivos, qualquer sintoma, todos com uma similitude e uma ritualidade surpreendente.

Além dos limites da interpretação

A repetição nos coloca assim frente a uma relação particular da pulsão com seus objetos, quase diríamos não pulsional, pelo seu caráter conservador, por seus repertórios quase idênticos, pela escolha padronizada de objetos. Enquanto a pulsão poderia postular-se, tal como García Roza (1986) diz, como a reafirmação do acaso, "... do caos original, dessa força não domada e que persiste como fundo não ordenado de todo ser vivo", a repetição parece reafirmar a existência do preestabelecido, do previsível e do igual.

Portanto, poderíamos pensar que nada é tão idêntico, previsível ou similar, ou que a repetição sugere a dificuldade de manter no sujeito sua condição pulsional.

Mas isso não parece paradoxal no sentido de que aproximamos a repetição ao movimento da pulsão para afastá-la depois? Não seria assim porque pensar na pulsão de morte como suporte da repetição é ter que pensar, mais do que na pulsão de morte, na morte da pulsão ?

Morte do pulsional, enquanto morte da criação, da variedade, da diversidade, enquanto força vital. A repetição mostra um movimento conservador, uma tentativa de restaurar sempre um estado anterior. Repetir, nesse sentido, é retomar de forma perseverante e estereotipada um passado que se projeta empobrecidamente no futuro, pela falta de discriminação e de relações mais versáteis. Mas repetir é também se preservar, é manter a ilusão de uma unidade, de uma mesmice, de uma modalidade narcísica de circuito pulsional que poupa o sujeito da angústia da morte, do novo, do desconhecido. Muitas falas na clínica convertem-se por esse motivo em apelo para a não-mudança.

As experiências penosas parecem buscar também na repetição uma derivação mais adequada para aquilo que permaneceu incompreendido, e mostram com ela o custo resultante — em parte exitoso e em parte infrutuoso — dos esforços de ligar a excitação na ausência de objeto. As pulsões coartadas nas suas finalidades procuram, e às vezes encontram, um caminho de derivação e ligação sob a forma dos sonhos repetitivos, dos sintomas, das próprias neuroses. Podemos supor que estas manifestações repetitivas reproduzem o ponto em que o "trauma", entendido como um excesso pulsional desprovido de representações, consegue associar-se através do sintoma a uma forma possível, dando curso às pulsões. Nesse sentido, a vivência da repetição contém a vivência traumática *mais* a "prótese" da formação sintomática. Decompor a repetição, tirando a representatividade do sintoma conseguida a árduas

Nos limites da interpretação 121

penas pelo paciente, significa reinstalar a vivência do trauma. Mas, como veremos, acreditamos que só através dessa revivência, dessa reedição na experiência analítica, seja possível retomar a pulsão inscrevendo-a em novos circuitos simbólicos.

Por tudo isso, nos parece insuficiente pensar na repetição seja como fundamento para explicar a pulsão de morte, seja como efeito do domínio exclusivo da pulsão de morte. A tendência à unidade, à conservação, à ligação, também presentes na repetição (porque a repetição liga, solda, fixa a pulsão a suas representações), não é patrimônio das pulsões de vida. Portanto, é importante resgatar no interior da repetição o duplo movimento pulsional, vida e morte, ligação e desligamento, conservação e mudança, a presença do mesmo e do diferente. Só há vida porque há morte e só há morte porque há vida. Numa interessante analogia com uma imagem do campo perceptivo, García Roza associa o jogo pulsional com o movimento de figura-fundo. Essas duas realidades perceptivas, dirá, "não correspondem a duas realidades que possuam existência independente, mas a uma mesma realidade que se apresenta sob dois modos" (1986; p. 69). No jogo pulsional, caos-ordem, energia livre-energia ligada, morte-vida, assiste-se a uma *gestalt* intercambiável. G. Roza se pergunta "se a pulsão de morte constitui-se nesse fundo-acaso [silêncio] sobre o qual se diferencia a pulsão sexual [barulho] como ordem-figura (1986; p.70, colchetes nossos). Mas essa pergunta não reforça a idéia de uma pulsão de morte e pulsão de vida, cada uma por si; pelo contrário, reafirma que "não existem duas pulsões ontologicamente distintas (...), mas sim um campo constituído de corpos-forças, no interior do qual o que é figura é chamado de pulsão sexual, e o que é fundo é chamado de pulsão de morte" (*ibid.*; p. 71).

A pulsão de morte só se pronuncia quando a perturbação da vida irrompe na passividade do inorgânico, portanto ambas, a pulsão de vida e de morte, no mesmo instante, se co-produzem, não em seqüência, mas em simultaneidade, compondo assim um único campo de forças. Por isso não é possível falar em desordem pura ou em ordem absoluta, como não é possível separar radicalmente ambas pulsões.

Voltando à pergunta inicial, entendemos que o que a repetição repete é o inconsciente em seus diversos conteúdos: recalcados (a pulsão ligada, que precisa desligar-se para ser religada) e traumáticos (o desbordamento pulsional, a pulsão de morte que precisa ser ligada). O sujeito repete para sofrer em nome de um masoquismo moral, ou sofre repetindo, atraído pela excitação sexual fundada na dor. Repete para manter uma unidade sempre em risco de ser perdida, buscando dessa forma reduzir as tensões (a morte, o desconhecido, o novo, o diferente, aumenta a tensão). Repete também para elaborar, para dar outro fim a uma situação insatisfatória ou inconclusa. A repetição parece, portanto, encontrar-se ora ao serviço das pulsões de vida e do princípio do prazer (não esqueçamos que prazer e desprazer são *ambas* modalidades da pulsão de vida), ora sob a ação das pulsões de morte e do princípio do nirvana.

Mas tampouco essa distinção (princípio do prazer-pulsões de vida e princípio do nirvana-pulsões de morte) é muito clara. Por vezes, o princípio do prazer, o princípio do nirvana e princípio da constância se confundem. Freud não deixa claro se o que entende por princípio do prazer se aproxima mais ao princípio da constância ou ao do nirvana, ou permanece independente, buscando também a estabilidade, já não pelo movimento de retorno (orientado pela pulsão de morte), mas de ligação (orientado pela pulsão de vida). Em "O problema econômico do masoquismo" (1924), num primeiro momento, Freud identifica o princípio do nirvana com o princípio do prazer-desprazer, obedecendo ambos à pulsão de morte. Mais tarde, apresenta o princípio do prazer como uma modificação do princípio do nirvana, ficando este último vinculado à pulsão de morte ao passo que o princípio do prazer se liga às aspirações da libido.

No entanto essa distinção só pode acontecer quando Freud descobre que o aumento de tensão não é necessariamente sinônimo de desprazer, e que "existem tensões prazerosas e distensões desprazerosas" (1924; p. 2.752), mesmo que não possa precisar o caráter qualitativo dessa distinção.

Nesse contexto, em que encontramos combinados os interesses do princípio do prazer com as pulsões de vida (e neste ponto Freud em "O problema econômico do masoquismo" é claro: "o princípio do prazer representa a aspiração da libido"; p. 2.753), resulta ainda mais difícil entender as relações entre o princípio do prazer e a dor, ou seja, entre o sofrimento como finalidade da pulsão e o princípio do prazer. A dor então escapa a este princípio, seja pelos embates do princípio do prazer com outros "princípios", seja por um resgate insuficiente efetuado pelo princípio do prazer (pelas pulsões de vida) contra a "pulsão anarquista".

Em "O problema econômico do masoquismo", Freud teoriza sobre o fenômeno do masoquismo para explicar a tendência a persistir na dor. Discordando de suas afirmações anteriores, falará num masoquismo

Nos limites da interpretação 123

originário que se apresenta com anterioridade ao sadismo, ou seja, ao movimento de agressão orientado para um objeto. Nesse texto, atribui ao masoquismo "causas biológicas e constitucionais". Quando explica o masoquismo feminino (lembremos que ele reconhece três formas de masoquismo: o masoquismo erógeno, feminino e moral, sendo o primeiro a base dos dois restantes), reforça a hipótese, colocada em 1920, da presença de duas ordens de pulsões: por um lado aquelas que obedecem ao movimento de destruição, e de morte, e, por outro as que lutam para contrapor-se a essa força, visando resgatar para um âmbito de figurabilidade e representação as excitações que se agitam no interior do organismo. Essas excitações atraídas para o exterior terão outros destinos, entre ele o do sadismo. As que ficam no interior, de forma residual, passarão a constituir o masoquismo primitivo erógeno, que é justamente aquela parte da pulsão "que evitou ser projetada ao mundo exterior em qualidade de pulsão de destruição" (p. 2.759). Esse masoquismo, que define o estado em que a pulsão de morte se dirige para o próprio sujeito, é responsável pelos movimentos que recusam qualquer ligação.

Nesse texto pouco linear, com muitas idas e vindas, apesar de encontrarmos claramente as relações entre o masoquismo secundário, moral — originado na instância super-egóica, e nitidamente associado ao complexo de Édipo — e a fonte da resistência, fica porém pouco claro o compromisso do masoquismo originário com a resistência no processo de cura, exceto se considerarmos o masoquismo como expressão mais pura da pulsão de morte.

Mas, se for assim, por que chamar a esse originário de masoquismo? Por que não chamá-lo, por exemplo, de pulsão de morte ou melhor, de núcleo "instintivo" original, ou de núcleo pulsional sem "qualidade", que tenderia mais em suas origens a um monismo pulsional do que a um dualismo?

Compor a "metapsicologia das origens" — porque entendemos que o masoquismo fala de uma gênese — é tentar entender também o que existe — se é que existe — antes da constituição do aparelho psíquico[33] e antes da presença do outro. Com o outro, podemos pensar, tal

---

33. Parece-nos interessante salientar uma observação de García Roza em que precisa a constituição do aparelho psíquico a partir do momento em que é possível ligar a energia livre. Não é o aparelho psíquico, dirá, que é capaz de conter a livre dispersão de energia; pelo contrário, é ele que vai se constituir a partir desta contenção (1986). Nesta idéia assenta-se uma outra que também Birman, se não nos equivocamos, defende, em que o id

124   *Além dos limites da interpretação*

como Bleichmar (1992) diz, que as " pulsões sexuais se instalam..." ou, pelo menos, diríamos, se atualizam. Se é assim, onde se localiza a pulsão de morte e com ela o masoquismo?

Uma trecho de Laplanche nos convida a pensar nesses possíveis dois tempos, neste antes e depois da presença do outro[34], na passagem da história de um sujeito universal à de um sujeito singular atravessado pela sexualidade, pelo outro, ou melhor, pela sexualidade do outro: "A pulsão não é então nem um ser mítico, nem uma força biológica, nem um conceito limite. Ela é o impacto sobre o indivíduo e sobre o ego da estimulação constante exercida, desde o interior, pelas representações-coisa recalcadas, que podemos designar como objetos-fonte da pulsão". (Laplanche, 1992b, em Bleichmar, 1993a; p. 25)

Dessa forma, a pulsão adquire autonomia para ser pensada num campo próprio, que não é precisamente o campo da biologia, e que não é propriamente o campo de uma transitoriedade etérea, inapreensível. A pulsão constitui-se, funda-se, no campo sexual da intersubjetividade. Por isso faz sentido quando Bleichmar diz que pode insinuar-se, retomando uma fórmula humorística de Laplanche, que uma "mãe suficientemente má" é "aquela que dá origem à pulsão de morte, aquela que é capaz de subverter o vivente da natureza e fracioná-lo, mediante a sedução originária, pelas linhas da sexualidade que se inscrevem a partir da instalação do objeto-fonte excitante da pulsão". Uma mãe "suficientemente boa" promove a pulsão de vida, ligações e prazeres, permitindo a passagem do princípio do prazer para o princípio de realidade (Bleichmar, 1993a; p. 39). De fato, e coincidindo com Laplanche, é possível pensar numa diferença pulsional sustentada, pelo menos psiquicamente, numa única energia sexual, que se bifurca pelo investimento e mediação do outro, numa energia ligada, "objetalizante" — pulsões sexuais de vida —, e numa energia não ligada, "desobjetalizante" — pulsões sexuais de

---

como pura força e dispersão, como absoluto começo ("no começo há apenas o id", diz Freud) situa-se num não lugar com respeito ao aparelho. Ele não seria sistema, não estaria no aparelho psíquico, "pois um sistema que funcionasse segundo a modalidade de energia livre não seria um sistema, posto que energia livre designa precisamente ausência de sistema..." (1986; p. 65). Qual seria então o estatuto do id, onde se localiza, e como se teria acesso a ele?

34. Entendemos que o que não existiria não é o outro, mas o *reconhecimento pelo sujeito infantil* dessa presença.

morte — que conserva o barulho de "libido"[35] desorganizada e desorganizante, que ora se orienta externamente para a descarga, ora retrai-se com efeito inibitório para o interior do sujeito.

A função sexualizante da mãe, a sedução originária, na sua dupla condição de estruturante e traumática, vai dando origem assim ao inconsciente. Ela é estruturante enquanto vai criando paulatinamente, junto à condição desejante, um sistema de representações; é traumática enquanto coloca o bebê frente a um "a mais" de excitação que produz desorganização, tensão e desconforto. É esse outro "que inunda de uma energia não qualificada, propiciando, no real vivente, um traumatismo, no sentido extenso do termo, já que *rompe algo da ordem somática pelas linhas do sexual"* (grifo nosso, Bleichmar,1992a; p. 23). O mundo do silêncio, do movimento — em aparência ao menos —, inerte e tranqüilo, é sacudido com a violência de um vulcão que irrompe na superfície homogênea da Terra, deixando a marca da cratera, da fenda que espreme a lava da pulsão de morte.

Portanto, poderíamos pensar que o resíduo insatisfeito do insaciável prazer é, ao mesmo tempo, o antro sombrio da pulsão de morte, e o antro promotor que, a partir do irrepresentável e conturbado mundo das esparsas sensações, dará origem ao trabalho vital de inscrição no aparelho psíquico.

A pulsão, entendemos, pode e deve assim desprender-se do biológico, mas não pode ignorá-lo. Por acaso quando Freud levanta, no segundo dos "Três ensaios sobre uma teoria sexual", um suporte para a sexualidade das funções de autoconservação, não toma o biológico como apoio? É interessante notar que ele diferencia aqui a atividade sexual da função fisiológica, como se disséssemos que a sexualidade é posterior à função. "A atividade sexual se apóia primeiramente numa das funções colocadas ao serviço da conservação da vida, mas logo se torna independente dela" (Freud, 1905c; p. 1.200). No entanto, quando Freud fala da pulsão de morte, se referirá a ela — diferentemente da pulsão de vida — como uma pulsão não-sexual, quer dizer, como algo mais próximo de uma função instintiva, como algo que, exatamente por não ser sexual, não foi objeto do recalque. Isso traz uma diferença substantiva em rela-

---

35. As aspas do termo libido fazem lembrar a indefinição de Freud para precisar a nomeação da energia da pulsão sexual. No "Compêndio da psicanálise" dirá que carece de um termo análogo à libido para designar a energia da pulsão de destruição (p. 3.382).

ção a Laplanche, que, ao referir-se às pulsões de vida e morte, falará em "pulsões *sexuais* de vida" e "pulsões *sexuais* de morte" (Laplanche,1986), destacando, assim, em ambas seu componente sexual, ou seja, sua posterioridade com respeito à presença do objeto.

A pulsão de morte ficaria, assim, como aquilo que restou, como memória coporal, mas sem representação, como aquilo que não foi possível ligar nem controlar, como aquilo que quer sair, desligar, descarregar, mas que não tem formas simbolizáveis para sua expressão. Encontramo-la assim sob a forma da angústia, do grito, da imobilidade, da impotência, da inibição, do ódio, da fúria sem explicações, do silêncio incontrolável de expressões e palavras, no vazio. Encontramo-la na tendência a aniquilar, no movimento de destruição. Mas entendemos que o movimento da pulsão de morte não é destinado a produzir a morte, não é ela que 'leva a vida para a morte'. A pulsão de morte poderia ser pensada como a atuação da angústia pela ameaça de morte. Talvez seja só a proximidade dela mesma — física ou psíquica — que pode precipitar a morte, o retorno à calma, à inércia, porque só estando morto alguém se livra da morte. Poderíamos especular nesse sentido que a pulsão de morte não seria mais do que uma das manifestações da pulsão de vida.

Será que então é de fato silenciosa a pulsão de morte? Será que não se liga, que não tem história, que não se representa? Será que é de fato masoquista e aniquiladora dos prazeres da vida? Será que não se interpreta?

Finalizar este capítulo com uma pergunta é finalizar testemunhando nossas incertezas. Não só porque a pulsão seja um "conceito-limite", mas porque com ela, para usar uma expressão de Green, experienciamos o "limite do conceitualizável", e, assim, o limite das certezas .

Vivemos neste capítulo a conjugação das forças debatidas: as pulsões de vida e morte. Das primeiras, percebemos o efeito em nossas conexões, no nomeado, no interpretado, no conceitualizado, no organizado — bem ou mal — pela linguagem. Pela segunda, pulsão de morte, vivemos o que escapa, o resistido, a força indômita que não se comove facilmente ao encanto das representações. Difícil chamar a essa força de morte; ela é vital; chama para as inscrições. Não é uma força mortífera, é uma força rebelde, e não seria o caso de assimilar a rebeldia à morte, mesmo que a rebeldia possa ter algo de morte e a morte algo de rebeldia. Pulsão de morte não é morte: a morte não tem pulsão, é inerte. O resultado

Nos limites da interpretação 127

deste capítulo tem o sabor dessa luta, desse esforço das duas tendências que se enfrentam para manter a vida. Nele procuramos indicar os motivos que levaram à passagem para uma segunda teoria das pulsões e concomitantemente para a segunda tópica, no intuito de mostrar aspectos que, a partir dessas construções, insinuam os limites da interpretação.

Como vimos, a segunda tópica nos traz várias novidades: um aparelho que, como diz A. Green (1990), inclui o não-representável sob a forma de moções pulsionais que buscam descarga; um aparelho cujas inscrições se antecipam à do desejo inconsciente; um fator econômico que tinha perdido vitalidade a favor dos aspectos tópico e dinâmico; a polêmica presença da pulsão de morte; um traço biologizante, com a inclusão das pulsões no aparelho; a introdução de um id que, apesar de inconsciente, não é só recalque; um ego com partes inconscientes que organiza, controla, e desloca — pelo menos em parte — o interesse teórico do recalcado para quem recalca; e, por último, uma dimensão intersubjetiva, revelada mais precisamente na instância super-egóica e nos conflitos entre a libido do eu e libido objetal, apontando a passagem para uma concepção de aparelho psíquico que deixa de lado o caráter eminentemente intrapsíquico do conflito.

Por outro lado, a nova dualidade pulsional, as pulsões de vida e morte (que substituem aquelas que opunham a busca do prazer à autoconservação), atrai a atenção sobre as quantidades não-ligadas, sobre o ódio[36], sobre a agressão, sobre o que se recusa a mudar, e que aparece — como já vimos — sob a forma da repetição e da reação terapêutica negativa.

Essas teses e problemas, cujo quadro é composto por "Mais além do princípio de prazer" de 1920, e O "ego e o id" de 1923, trazem para o primeiro plano o conceito de pulsão e com ele o terreno do não representado. Além da linguagem, de simbolizações, de representações, a idéia de pulsão reforça, na teoria do psiquismo, a vertente energética. O que interessa agora não é só o recalque de uma representação, mas tam-

---

36. Gostaríamos de deixar assinalado que essas observações requeririam aprofundar mais na natureza dos afetos, no seus aspectos quantitativos e qualitativos, na distinção entre as forças que o originam e a qualidade do qual se nutrem. Sabendo que o id não é um lugar de representações (só investimentos pulsionais que procuram descarga e tudo o que existe no id, diz Freud em 1937), onde se localiza então o afeto, se consideramos nele além da sua força a qualidade? O ódio parece requerer algo além de quantidade de representações.

128 *Além dos limites da interpretação*

bém a passagem da energia para o universo das representações, a passagem da quantidade para a qualidade. Trata-se talvez de humanizar o 'instinto', ou de recuperar para o caudal das pulsões de vida o que aparece na forma de energia livre, de masoquismo, de pulsão de morte. O conceito de pulsão, com seu caráter 'fronteiriço', tenta romper a polarização de dois planos, o da natureza e da cultura, ou, se se quiser, o da mente e do corpo — apresentando-se ao dizer de Birman (1993) como um ser-da-passagem, como uma ponte que faz o trânsito do somático ao psíquico. Ela enriqueceu a reflexão sobre a constituição subjetiva, mas, por outro lado, nesse seu caráter de transitoriedade radica — pelo menos em parte — as confusões conceituais a ela associadas.

Assim, como diz Viderman, que "o inconsciente somente é estruturado como uma linguagem porque a linguagem o estrutura" (1982; p. 61), apontando dessa forma para a dificuldade de apreender a 'coisa' pela palavra, e para a sobredeterminação exercida sobre a 'realidade' pela linguagem, com o conceito de pulsão, ao querer defini-lo, atravessamos por dificuldades semelhantes. Como apreender conceitualmente esse composto que constitui as pulsões? A tentativa de representá-la desliza, no dizer de Lacan, quando fala da palavra como "assassinato da coisa". É difícil representá-la sem sentir que aspectos importantes ficam fora. Que podemos pensar desse suposto "ser-da-passagem" enquanto sua localização, sua gênese e sua energia?

Na primeira tópica os conteúdos do aparelho psíquico se definiam por sua possibilidade ou não de consciência, na segunda tópica parece importante definir certos elementos pela possibilidade ou não de ter um lugar no aparelho psíquico. Pensar na pulsão como um ser-da-passagem parece em princípio dispensar-nos de ter que precisar o terreno em que ela transita. No entanto, encontramos uma diferença quando falamos de pulsão em termos genéricos e quando falamos em pulsão *de* morte ou em pulsão *de* vida. Acaso a diferença substantiva entre as pulsões de morte e as pulsões de vida não está justamente em que nas primeiras circula um tipo de energia livre, e, portanto, não podem fazer parte de nenhum sistema, enquanto nas segundas, nas pulsões de vida, circula energia ligada, pelo que a pulsão entra por meio de seu representante-representativo no aparelho psíquico e leva assim as excitações do corpo para o plano da representação?

Por outro lado, além do lugar das pulsões, o lugar do próprio id fica pouco preciso. Embora Freud o apresente como um dos "três rei-

Nos limites da interpretação 129

nos, regiões ou províncias em que dividimos o aparelho psíquico" (1932-33; p. 3.141), e o introduza na teoria, entre outras razões, para que as pulsões façam sua entrada no aparelho o funcionamento do id com duas qualidades diferentes de energia: energia livre (pulsão de morte) e energia ligada (pulsão de vida), compromete sua posição dentro do aparelho psíquico.

Seria o id também um 'ser-da-passagem', ou melhor, um ser em trânsito, que enquanto nas origens deambula soberano com cargas livres, mais tarde, quando vai incorporando em seu seio energia ligada e ficando também a serviço da finalidade do aparelho do controle das excitações, transforma-se em instância? Ou será que ele só acolhe a pulsão sem representação, e por esse motivo pode-se pensar que fica fora do aparelho?

Mas é difícil pensar em pulsões fora do aparelho. Se as pulsões têm início com o outro, com um outro primordial que permite (pela via do corpo, da nomeação e da interpretação) a contenção e o resgate da força para o mundo das representações, o que fica de fora não é pulsão, mas um fundo de pura excitação, de pura energia, digamos, que dispersa e 'instintual'. Por isso pensamos que a energia das pulsões de vida tanto como as das pulsões de morte são ambas ligadas e ambas de natureza sexual.

Mas para Freud, como vimos, a presença do id e da pulsão de morte abre para um campo de pulsionalidade situado aquém do recalque e do inconsciente. Nessa força não inscrita, nessa 'pura excitação', Freud verá a fonte da agressão, da repetição, do masoquismo. É nesse espaço, aquém do recalque e do inconsciente, que podemos situar um além da interpretação.

Em resumo, o que encontramos nesse campo carente de representações, à margem do aparelho e refratário à interpretação, é o campo pulsional sem inscrição, a incontrolável pulsão de morte em permanente movimento de ruptura e desligamento; a repetição que, sob o domínio da pulsão de morte, procura indefinidamente o retorno a um estado anterior; o masoquismo[37], que em sua forma erógena investe o próprio sujeito auto-erótica ou narcisicamente, bloqueando a libido e impedin-

---

37. Num texto intitulado "Do auto-erotismo ao objeto: a simbolização segundo Ferenczi" (1993), Mezan ressalta a vinculação entre a 'técnica ativa' de Ferenczi e o propósito de interceptar uma modalidade de prazer auto-erótico onde a libido claramente perde mobilidade.

130   *Além dos limites da interpretação*

do deslocamentos transferenciais a partir dos quais seria possível a interpretação; e o trauma, que enquanto fluxo incontrolável de energia, presente, como diz Botella, enquanto traço perceptivo, mas fora da memória e do recalcamento, aumenta com sua excitação o caudal da pulsão de morte.

Enquanto definimos o inconsciente recalcado, como o alvo predileto da interpretação, e o âmbito do não representado como o inapreensível pela interpretação, ficamos sem conseguir definir a eficácia que uma prática interpretativa pode ter no caso da denegação (mecanismo que pode estar presente em experiências traumáticas), e nos dois destinos pulsionais — transformação no contrário e retorno sobre a própria pessoa — que Freud localiza antes do mecanismo do recalque. No trabalho que Freud intitula "O recalque", dirá a respeito dele que "... não é um mecanismo de defesa originariamente dado; pelo contrário, não pode surgir até depois de estabelecida uma precisa separação entre a atividade anímica consciente e a inconsciente. A essência do recalque consiste exclusivamente em rejeitar e manter longe da consciência determinados elementos. Esse conceito de recalque teria seu complemento na hipótese de que, *antes dessa fase da organização anímica, seriam os restantes destinos pulsionais — transformação no contrário e a orientação para a própria pessoa — os que regeriam a defesa contra as pulsões*" (1915b; p. 2.045, grifo nosso). Se o recalque funda o inconsciente, o que significa pensar 'com anterioridade ao recalque'? Seria também com anterioridade frente ao inconsciente? Estariam esses mecanismos também no campo do não-representável ? Quem implementaria então a defesa? E se não é da representação, do que a pulsão se defende?

Por último, pensando no trabalho do analista, resta-nos perguntar: o que é possível fazer com o não- simbolizado? Como é possível inscrever a pulsão, como é possível atrair o trauma para o sistema de representações ?

O universo do representado é afetado pela interpretação, mas o do não-representado — inatingível por ela — exige do analista, como dirá Birman (1991; 1993), ser suporte para que a força se inscreva. Nesse sentido, a relação transferencial, a experiência subjetiva que lá se instala, oferece-se ao mesmo tempo como verdadeiro suporte da transposição e ordenação pulsional, e como objeto central das futuras interpretações. A qualidade dessa relação, que põe em jogo (como nos primeiros vínculos) corpos, desejos, investimentos, relativiza o papel do sentido, da busca de uma verdade por mais singular que ela seja. O importante parece ser aqui uma vivência em que, mais do que o desejo inconsciente, se encontre a vontade de desejar. Trata-se de destraumatizar a pulsão, nomeando sua força, favorecendo sua passagem, dando mobilidade para o que na repetição aparece 'soldado', abrindo novos circuitos libidinais, e promovendo novos investimentos.

Dois tempos, ao dizer de Albernaz de Melo Bastos (1994), precisam ser conjugados; dois tempos necessários para a constituição e desenvolvimento do psíquico. Um "... 'tempo materno', aquele da experiência de satisfação construída na pulsionalidade do corpo", sob a lógica das ligações, da pulsão de vida; e outro"... 'tempo paterno', aquele que examina e suporta admitir a ausência da coisa, nomeando-a". Este introduz o corte, a separação sob o exercício da pulsão de morte, para mais tarde permitir que outras ligações sejam possíveis.

Essas duas lógicas, que, no nosso entender, articulam força e sentido, potenciam a experiência analítica. Por elas é possível rever posturas, que às vezes tomam pouco em conta as diferentes naturezas da transferência em jogo num processo analítico.

Ferenczi tentou arduamente conjugar essas lógicas. Preocupado com a possibilidade que a situação de análise pudesse repetir indefinidamente o trauma, teoriza sobre suas fontes e sobre a posição do analista no processo (Mezan, 1993). Essas reflexões o levam à escrita de numerosos textos, nos quais o debate central confronta implícita ou explicitamente a técnica clássica (com sua passividade, neutralidade, assimetria) com uma combinatória audaz de novos recursos, como a denominada "técnica ativa" e a "análise mútua". A proposta de Ferenczi, para além dos resultados que obteve, abriu o campo para uma psicanálise mais atenta para as pulsionalidades, os afetos e as transferências recíprocas (em si mesmas traumáticas ou terapêuticas), presentes na relação analítica. Tão importante quanto a interpretação da transferência é possibilitar, na análise, uma certa experiência na transferência.

Por último, pensamos que o trabalho com a repetição (enquanto expressão mais potente das pulsões de morte e vida, do igual e do diferente) é o ponto central da análise. 'Des-repetir' é inscrever e reinscrever a pulsão, é reconstruir sua trajetória, e com ela, como diz Birman (1991), o caminho das identificações.

Além dos limites da interpretação?

4

" Você sonha?"

(Pergunta de uma analista à sua paciente)

"De repente, eu fiquei irritada. Eu não agüentava mais minha imobilidade, sua vigilância, seus medos, minha falta de liberdade. Levantei, aproximei-me do divã, peguei a sua mão, a fiz se levantar e, segurando ainda sua mão, levei-a diante da estátua. E aí falei. Falei muito. Falei da estátua, disse que ela não era malévola; que nós não podíamos mais permanecer assim; que eu não queria mais ficar imóvel... Depois me sentei."

(Zigouris, R., 1993; p. 11)

"O importante, contudo, é que o agente essencial da mudança é o ato interior do analista..."

(Symington, 1994; p. 190)

A pergunta, a intervenção e o comentário falam de diversas formas — além da interpretação — pelas quais o analista pode estar presente no processo analítico.

Neste capítulo — a partir de fragmentos de diferentes tratamentos — pretendemos refletir sobre intervenções que, não sendo propriamente interpretações, se aproximam do campo das repetições, do trauma, do ainda não inscrito, da pulsão de morte.

I. Você sonha?

"... a transferência, além de revelar o desejo, também o promove. Assim, o analista não apenas decifra o sonho. Ele ativa a produção de desejo."

(Albernaz de Melo Bastos, 1994; p. 7)

Trata-se de uma paciente de uns 30 anos, com vários de análises e 'poucas mutações'.

A queixa inicial, o seu padecimento, centrava-se em torno das dificuldades de manter relações com outras pessoas, colegas de trabalho, de estudo, família. Sua vida transcorria de maneira isolada, coberta geralmente por um denso manto depressivo. Algumas referências a episódios alucinatórios (ver-se ameaçada com faca, enquanto tomava banho, por uma vizinha que havia impedido o namoro entre sua filha e o irmão da paciente) estavam presentes nas primeiras sessões. Como dados da história, diremos que é a sexta filha de um conjunto de nove, mais um filho adotivo bem mais velho do que ela. Poucos dias depois de seu nascimento, sua mãe é hospitalizada por problemas nervosos. Ao completar sete anos, seu pai morre.

O que mais chamava a atenção durante o primeiro período da análise era o tom de sua voz, quase inaudível, e o choro que acompanhava constantemente suas falas. A intervenção que tratarei de descrever com mais detalhes foi precedida por algumas sessões, em que a paciente coloca seu mal-estar em relação ao que sentia como um descaso ou desinteresse meu em relação a ela. "Eu acho que às vezes você não tem o mais mínimo interesse em ouvir-me..., você poderia perguntar-me alguma coisa, isso me ajudaria a poder falar, mas você fica calada...". Nas interpretações sucessivas (estando eu segura de meu interesse e achando de que ela estava querendo falar, mas que existia um conflito que a impedia, e que a impossibilidade estava sendo colocada no meu 'desinteresse'), cheguei a interpretar o que aparecia, por um lado, como dúvidas a repeito de se alguém podia interessar-se por ela (quer dizer, se existia o desejo de um "outro" que permitiria instaurar sua condição desejante), e, por outro, o medo de descobrir que, se isso fosse possível, precisaria ser modificada sua relação extremamente agressiva com a realidade, mediada por uma representação de 'mundo desinteressado', distante, hostil e persecutória.

Depois de três sessões com esses conteúdos, e chegando às de nosso interesse, eu faço o que me parece ser uma construção, dizendo que seu corpo se encontrava cheio de excitações e que o desespero era porque ela não encontrava os objetos para essas excitações. No transcurso de sua infância vários desses objetos tinham desaparecido: o seu irmão (irmão e não-irmão, o filho adotivo) que tinha cuidado dela enquanto sua mãe estava hospitalizada; a mãe com sua hospitalização e posteriormente com o nascimento dos outros filhos; o pai que, com sua morte abrupta, tinha deixado algo inconcluso e interrompido. A resposta foi afirmativa, e abre para uma lembrança infantil.

Além dos limites da interpretação ?   135

Na sessão seguinte, ela pede aumento do número de sessões, e analisamos o pedido como se tratando neste momento de um reconhecimento da ligação com o espaço de análise, no qual essas excitações podiam ser processadas (ou seja, podiam encontrar representações e objetos). Nesta sessão, guiada pela pergunta que me fazia a respeito de onde estava o desejo dela e de que possibilidades de ligação encontram as pulsões, pergunto: "você sonha?", ao que responde com uma negativa. Na sessão seguinte, ela traz dois sonhos.

É frente a essa intervenção "você sonha?" que gostaria de me deter. Não é uma interpretação, não é uma construção, mas me parece uma intervenção na forma de pergunta que busca ligar o ainda inominável, o irrepresentável, a uma representação possível (o sonho), tomando como suporte, como mediador transicional, a figura do terapeuta, não só como intérprete mas como promotor de pulsão e propulsor de desejo.

"Você sonha?" faz uma demanda, e a essa demanda, transferencialmente, ela responde realizando um desejo, sonhando. É o "outro" que instala a possibilidade desejante, o desejo de que ela deseje, de que ela viva. Na fantasia, a paciente parece precisar ser para a mãe (e conseqüentemente, no primeiro lugar transferencial, para a terapeuta), um objeto morto que não deseja. "Minha mãe só teve filhos porque não sabia como evitá-los." É ela que realiza o desejo da mãe, evitando-se. Pelo "me faça uma pergunta" das primeiras sessões comentadas, pode entender-se: demande alguma coisa de mim, queira algo de mim, e ache que eu posso dar alguma coisa. De interpretar o movimento de demanda, passa-se a demandar, oferecendo-se um caminho de ligação psíquica (o sonho é uma possibilidade de ligação da pulsão à representação, ao mesmo tempo que liga e conecta com quem faz a demanda). Faço um chamado ao qual ela responde, desencadeando um movimento que parece descristalizar a vivência traumática de desamparo, incorporando-a em caminhos associativos diversos.

Qual é o trauma? A morte concreta do pai, de cujo lado parecia estar o desejo de que ela permanecesse viva? O impedimento da ligação libidinal (especialmente com a mãe) e a conseqüente retração da libido para um plano auto-erótico? A sensação de consumação da fantasia edípica de ter tirado o pai da mãe (e nesse caso ter produzido a morte dele?) que faz com que, quando ele morre, a paciente não possa voltar mais para a casa e vá morar com uma tia? Pelo seu impacto, pela sua surpresa, o trauma intercepta e bloqueia um caminho pulsional, fixando a pulsão a um objeto (a uma cena, a uma fantasia, a uma sensação), e dessa forma interrompe os deslocamentos, num funcionamento que, por mais precário que se apresentasse, mantinha até então uma certa estabilidade, uma certa previsibilidade. É como se alguma das dimensões dessa crise pudesse ser expressa num: "Não dá para desejar, porque quando acontece isso o outro morre"; ou, quando identificada com a posição do pai (com esse pai que não pode voltar para casa, e portanto ela não volta), temesse a possibilidade da própria morte. Algo fica fora da compreensão e do tempo, e só aparece alucinatoriamente e na impossibilidade de que a pulsão incursione pelos objetos.

Poderíamos pensar que essa seqüência do tratamento está permitindo restaurar a dinâmica do circuito pulsional, e, com ela, os investimentos, a partir do que poderia ser denominado como "construção de objeto", diferente da "construção da representação" que a interpretação pode fazer. Nesse caso, poderia ser útil diferenciar as intervenções que se situam mais no nível do ato (do acontecimento?), e capazes de ter o efeito de uma interpretação, mas que na sua formulação e pretensão não são uma interpretação daquilo que propriamente pode ser caracterizado como interpretação.

II. Tomado pela ambivalência e por uma repetição que trazia sempre o sabor do nada feito, fiquei durante anos com esse paciente com a sensação de que, como diz Green, a prática da análise é um verdadeiro trabalho de Penélope: "todos os dias você tece a teia e, logo que o paciente o deixa, ele a desfaz " (1990; p. 134). Num ritmo de um passo à frente e dois atrás, me perguntava por que as interpretações, aparentemente cheias de sentido, não chegavam a produzir transformações .

Em certas análises é difícil elaborar interpretações; no entanto, com esse paciente — seja pela presença constante de elementos simbólicos nos sintomas, ou pela abertura que quase sempre as interpretações promoviam para novas associações e lembranças — a dinâmica da sessão chamava a um trabalho de interpretação e construção permanentes.

Mesmo assim, o paciente manteve durante vários anos as mesmas manifestações: uma postura de pouca ou nenhuma iniciativa, escassos relacionamentos sociais, poucas falas. Viver era difícil, pela ameaça da morte, pelo medo do aniquilamento; valia mais a pena fazer-se de morto. Não podia falar, não podia fazer, não podia ocupar espaços, não

Além dos limites da interpretação ?   137

podia sentir e sobretudo não podia reconhecer seu desejo. Por outro lado a ambivalência estava sempre presente, seja sob a forma de 'quero e não quero', seja como coexistência do amor e do ódio que, embora não reconhecidos, subjaziam em cada um de seus relacionamentos. Qualquer discordância podia tomar a forma de violência, de ataque, de ódio, de raiva descontrolada, por isso era melhor ficar em silêncio.

Passado um bom tempo, e entre as idas e voltas mencionadas, aparecem diferentes posicionamentos, atividades e relações. No entanto, cada vez que a mudança assumia proporções visíveis, o recuo posterior era notório. A resistência, sob a forma de reação terapêutica negativa, amparada no sentimento de culpa, na angústia do desconhecido ou no temor à perda do controle, nos introduzia em prolongadas letargias, sob a forma de sessões repetitivas, quase estereotipadas, que pareciam deixar entre parênteses as mudanças. Frente a tamanha resistência eu chegava a perguntar-me — e ainda me pergunto — sobre o direito de querer ultrapassar essas barreiras que tão fortemente resistem. Mas a presença sempre constante do paciente nas sessões, sua disposição a analisar o material, o ritmo de suas associações e as mudanças que apesar de discretas se produziam, me animavam a continuar insistindo, interpretando essa situação resistencial como uma das tantas manifestações da sua ambivalência (querer mudar e não querer mudar).

Depois de um período em que as transformações se fizeram mais evidentes, o paciente chega um dia à sessão com uma história que me provoca de imediato um mal-estar e um certo pensamento que podia ser traduzido assim: 'tudo igual de novo, as mesmas coisas, não é possível!'. Não sei se foi por inspiração de Symington (1994) com suas reflexões sobre o "ato interno de liberação do analista", ou simplesmente por um impulso intuitivo, pensei que, se ele não conseguia sair da repetição, eu precisava fazê-lo. Sem dúvida eu também fazia parte da cena repetitiva. No relato que ele trouxe, mostrava de novo a atuação em vez da fala, a submissão ao controle alheio por medo à falha do controle próprio, e a insistência em mostrar que as coisas ocorrem por acaso, ou seja, a anos luz de seu desejo.

Claro que vários aspectos nessa nova e também velha situação podiam ser interpretados. Para isso sobravam resistências, fantasias e desejos. No entanto, como durante anos eu já tinha interpretado, me pareceu importante usufruir da intensidade que eu estava sentindo, que tinha sido gestada por nós dois nesse contexto, e em vez de usar a

138 *Além dos limites da interpretação*

contratransferência para elaborar uma interpretação, coloquei-a em ato[38]. Falei: "acho" — e achava mesmo — "que chegou um ponto em que esta análise pouco adianta e talvez seja bom interrompê-la". Eu mesma me perguntava se, no sentido estrito, uma intervenção assim não desfigurava o papel da analista, e se minha fala não mostrava uma intolerância frente à persistência de repetições que eram em definitivo o motivo da análise. Também pensei se a minha intervenção não teria obedecido mais a um narcisismo afetado (alimentado previamente pelas visíveis mudanças) do que ao propósito das modificações. Por último, se dava crédito às transformações, por que não esperar mais pacientemente que, mesmo de maneira vagarosa, elas continuassem ocorrendo?

O paciente mantinha com a análise o mesmo tipo de contato que com os outros relacionamentos. Neles, exibia seu pânico ao compromisso. Mostrava-se imperturbável frente aos afetos. Fazia qualquer malabarismo para que as coisas se mantivessem no equilíbrio 'certo', isentas de qualquer mudança: se a outra pessoa se distanciava, ele marcava um almoço para aproximar-se, e se então a pessoa ficava mais perto, ele desmarcava para distanciar-se. Não conseguia ocupar lugares (de filho, de marido, de funcionário etc.), inclusive na sessão: sua forma de deitar no divã deixando de fora uma quarta parte do corpo, ilustrava isso de forma patética. Os outros, sempre pacientes e desejosos, precisavam ficar na espera indefinida do posicionamento que nunca chegava. Ele nunca queria nada. Sempre queriam por ele. Tudo o que fazia era porque o outro o induzia a fazê-lo. Inclusive para os tais almoços, em que claramente convidava ou desconvidava em função de seus propósitos, sentia que a decisão havia sido tomada pelo outro.

Achei que era importante interromper o ciclo, interceptar e surpreender a repetição, da qual eu também já fazia parte.

Se na vida dele todos ficam na interminável espera de que algo mude, fazendo ao mesmo tempo as vezes de espectador e de parte dessa não-mudança, numa tolerância desmedida frente à sua falta de compromisso, de posicionamento e de desejo, favorecendo que ele viva no limbo sem falta, a análise precisava criar, com o suporte da transferência, a possibilidade da ausência, o sentimento de que as coisas não estavam ali de forma incondicional e permanente, e que, se ele não fizesse algo para

---

38. Fica como um déficit importante deste trabalho precisar mais claramente a diferença entre atividade, ato, atuação, passagem ao ato, colocação em cena, *acting-out*.

Além dos limites da interpretação ? 139

que permanecessem, elas acabariam. Meu limite podia ou não mobilizá-lo, mas me parecia que era uma experiência importante.

Que ocorreu depois dessa intervenção? Quais foram as associações? Que aconteceu nas sessões seguintes? Por um lado, a impressão imediata foi de que a fala tinha afetado mais a mim do que a ele. Apareceu um ar de renegação, traduzido numa espécie de "estou ouvindo mas não é comigo". Depois, talvez pela insistente voz do meu silêncio e pelo temor a perder o equilíbrio do qual a análise fazia parte, no estilo do convite para almoçar, lançou uma frase solta a respeito da importância da análise. Várias coisas se sucederam nas sessões seguintes: tensões no momento de entrar, recolocação de certas iniciativas (seja na linha do que precisava ser mexido para que nada se mexa, em definitivo para manter a análise, ou seja, na linha de tentar inclinar-se para um dos pólos da ambivalência), atitudes de maior agressão fora e dentro da sessão — talvez como exteriorização do masoquismo acuado — e um clima de sessão, diríamos, mais 'quantitativo', mais cheio de afetos.

Na análise do paciente, também o analista precisa estar na sessão em análise, sendo ele seu próprio analista. Por vezes o analisando, por vezes o analista e por vezes a relação constituem-se no objeto da análise. O trabalho do analista consigo mesmo consiste em recuperar a liberdade que perde quando se dispõe propositadamente a fazer parte da trama repetitiva. Esses momentos de liberdade são os momentos de maior ganho na experiência da análise, tanto para o paciente como para o analista. Neles é possível viver com a maior potência a própria singularidade em presença da singularidade alheia: sair, por exemplo, de uma posição impotente frente à tirania a que o paciente o submete, ou subtrair-se à posição sádica que um outro paciente pede, para que possa permanecer na posição de vítima, transforma a relação e portanto o paciente.

É importante, assim, rever os conceitos de neutralidade e abstinência, porque em nome deles permanecemos muitas vezes por demais neutros e abstinentes, renegando os desejos, o narcisismo, as transferências dos sentimentos envolvidas no processo. Assim como me pareceu importante colocar a possibilidade de interromper o tratamento, que na verdade não era a tentativa de interromper um processo mas um circuito libidinal essencialmente mortífero, com outra paciente, quando me comunicou que deixaria a análise, não tive dúvida em dizer que eu queria que ela ficasse. Além do alcance terapêutico que uma fala desse tipo pode ter para a paciente (alguém quer que ela fique), entendo que essa

140 *Além dos limites da interpretação*

expressão inclui também um desejo que se inscreve dentro de uma certa ética do processo analítico, onde a implicação e o compromisso me parecem ingredientes básicos.

III. Conta-nos Radmila Zygouris: "Quando me pediram para escrever uma história clínica, foi sua imagem que se apresentou de imediato. Não sei por quê. Por muito tempo, não havia mais pensado nela. Mais de dez anos após o fim dessa análise, resta-me a lembrança de um filme mudo". (1994, p. 7). Por uma antítese, transformou-se em eloqüente história[39]. É sobre ela, sobre a história desse tratamento, sobre as intervenções dessa analista, que centraremos nossos comentários, destacando neles principalmente a função do ato.

O ato do analista, ou mais desprestigiadamente, o *acting-out*, presentifica de maneira similar ao sintoma a presença inédita, anárquica, atemporal e desmedida do inconsciente. Em ordem rápida, a consci-

---

39. Resumidamente, podemos dizer que no caso relatado por Zygouris não há motivo de consulta, não há queixa, nem alusões diagnósticas. Encontramos uma breve descrição da forma como a paciente se apresenta e escassos episódios de sua história. Da sua aparência, Zygouris destaca junto a um trajar impecável o uso constante de um colar de pérolas que a irritava, despertando-lhe "pensamentos parasitas" que a "deixavam perplexa". De sua história infantil poucas lembranças: a mãe pouco presente e um pai doente que vivia de vê-lo. A paciente não podia perturbá-lo, devia fazer silêncio e estava proibida de vê-lo. Uma imagem da infância que lembra com clareza foi quando viu seu pai pela última vez. Ele estava sendo levado por uma ambulância.
Durante vários anos, a análise transcorre num clima de permanente imobilidade, paralisia e silêncio. O relembrar da história traz para a analista a imagem de um "filme mudo", com poucas frases ditas e muitas descrições, imagens e sensações. Um dia, a analista, em resposta a uma reação da paciente frente a um objeto novo, uma estátua, no seu consultório, toma uma atitude diferente, que assim descreve: "peguei a mão dela, a fiz se levantar, e, segurando ainda sua mão, levei-a até a estátua. E aí falei. Falei muito. Falei da estátua, disse que ela não era malévola; que nós não podíamos mais permanecer assim; que eu não queria mais ficar imóvel... Depois me sentei" (1994; p. 11). Após esse episódio, e a finalizar a sessão, a paciente sai conturbada. Corre pelas ruas e perde o colar. Volta na sessão seguinte, conta da corrida, da perda do colar (transformado pelo lapso em *calar*), mostrando-se de uma forma tão viva e afetiva como nunca antes o fizera. Depois de transcorridas muitas e importantes mudanças, a paciente decide e comunica a conclusão de sua análise.
Anos mais tarde, retoma o contato com sua analista, para contar a triste história do colar que só soube pela mãe pouco antes de que ela morresse. Ele tinha sido roubado pela avó, que tinha pago por ele e pela sua liberdade um alto preço. O segredo só dava para ser revelado de mãe para filha, junto ao leito de morte.

Além dos limites da interpretação ? 141

ência determina: o *acting* precisa ser banido! Necessitamos restituir o estado de consciência, e não só do paciente — para quem a interpretação agiliza seus poderes de enlace — mas, fundamentalmente, para o terapeuta. O enquadre analítico exala riqueza em suas possibilidades e empobrecimento no seus limites. Não se trata de discutir a situação analítica do enquadre, mas sim a do enquadramento do paciente e do analista na situação analítica.

Que pobreza de expressões: o freqüente exagero do silêncio, as formalidades, os hábitos, enfim, a falta de surpresa, a presença do idêntico, da repetição, a presença da morte. Mas não da pulsão de morte, na sua potência criadora e irruptiva.

A dualidade pulsional, convincente ou não, mas aceita como ponto de partida para pensar a dinâmica psíquica, inclui a morte como movimento, como movimento que engendra vida, como pulsão de morte, não como morte da pulsão.

Quando Freud fala de outra dualidade, a do prazer-desprazer, atribuirá o impacto da mudança à diferença de tensões, aos contrastes, à pulsatilidade que contrai e dilata.

O texto de Radmila nos traz essa força pulsátil, o impacto do ato produzido por ela, nela, nos outros e em nós. Por contraste, por diferença, um texto em extenso intenso, parágrafos curtos, emocionados, irritados, sentidos.

Muitas coisas nele nos parecem valiosas. Espécie de filme já não "mudo", mas sem letra, cenário de inúmeras imagens e ações, desperta a tentação tradutiva. O que foi que aconteceu? Como é que as "pérolas" se desprenderam?

No início, uma epígrafe de Paul Valéry: "A cada instante, um 'acaso' modifica, e uma lembrança encadeia", coloca ao mesmo tempo a importância da força do "acaso", do inesperado que modifica, e as associações, os nexos, as lembranças que o encadeiam. Ato e interpretação — se cabe discriminá-los — como parceiros.

Não é a pergunta pela construção de um ato — como antes nos indagávamos pela construção de uma interpretação — que nos incita. Seria por demais ingênuo, até porque ele parece requerer uma autêntica improvisação, um estar presente, inteiro, imbuído de transferências e contratransferências, filtrado pela chispa do inconsciente, sem antecipações, sem regras. Nosso olhar para ele é só retrospectivo. Interessa-nos perguntar de onde o ato extrai sua força, seu valor, como é possível sua

142 *Além dos limites da interpretação*

presença para que, ao invés de expulsá-lo, possamos incorporá-lo e trabalhar com ele.

Para esse pensar sobre o ato, o trabalho de Radmila convida: "... há histórias, diz ela, onde um diz o que o outro não pode proferir, ou seja, o que um terceiro não nomeado e ausente lhe faz dizer ou fazer" (1993; p. 7).

Há histórias, eu diria, onde um faz o que o outro não pode fazer; e há histórias onde um faz o que o outro precisa "ver" para poder fazer. Esse parece ser o enredo da "nossa" história; enredo que tem como argumento uma trama premeditada e necessariamente "confusa". Premeditada enquanto dispõe-se a viver uma experiência complexa, intensa, que requer, além de pensamentos, de corpo, de afetos... de atos; confusa, quanto ao risco de poder confundir-se, quanto a oferecer-se para poder confundir-se, para que depois a discriminação possa tornar-se mais clara ("... eu e ela não éramos sempre nitidamente distintas como queria a lógica da narração", *ibid.*; p. 7).

Contaminada e embebida pelos afetos da "primeira cena", a analista só consegue desprender-se quando vai mais além do ponto em que a paciente estava e que ela, transferencialmente, retoma. Um passo a mais foi necessário.

Nos primeiros parágrafos do texto, a autora nos confronta com a intensidade de seu incômodo, incômodo que imobiliza e que mais tarde subverte. "Duas vezes por semana, a hora fixa, ela vinha e me impedia de mexer, de falar, de pensar. Um dia eu me revoltei ..." (*ibid.*; p. 7). E foi, parece, através desse seu revoltar-se que a paciente conseguiu sua própria revolta.

Jogo de projeções e identificações, o trabalho de análise solicita algo mais do analista do que a sua posição de intérprete.

A situação analítica repete e reproduz uma cena, cena traumática, cuja pulsão coartada na sua intensidade e no seu destino se paralisa e desvia do seu caminho. O olhar interceptado, a curiosidade proibida, os movimentos presos: "ela não tinha o direito de ir vê-lo no seu quarto" (*ibid*; p. 7), assim como também não podia olhar no espaço analítico: "Sem dúvida — dizia a terapeuta —, ela se deitou um pouco rápido, sem dúvida, isso me aliviava de estar exposta a seu olhar inquieto, melhor, inquisidor. Eu queria escutar; sobretudo, não ser mais vigiada, não mais olhar" (*ibid.*; p. 8).

A paciente transfere, transporta para a análise a cena que a deter-

Além dos limites da interpretação ? 143

mina e a terapeuta passa a viver seu drama. "Eu me tornava cada vez mais idiota. Mas ela tinha o grande poder de me arrastar na sua cena. Eu sabia que ela me dava assim sua forma de infelicidade" (*ibid.*; p. 10). Assim permanecem — como a paciente quando criança com seu pai por seis anos — aqui por quatro, em dois quartos separados por uma infranqueável parede : "ela estava fechada no quarto ao lado..."(*ibid.*; p. 7) "... me impedia de mexer, de falar, de pensar"; podia ter falado a paciente, mas quem agora diz é a analista. Seu pai não devia saber que ela estava presente. "... ela se movimentava pouco; ... não devia fazer barulho; brincava em silêncio"(*ibid.*; p. 7). A paciente, deitada como seu pai, também "pedia" ou só podia pedir como ele, silêncio, distância, quietude. "Eu devia ficar reta, nem muito perto, nem muito longe... imóvel, como uma estátua" (*ibid.*; p. 8), "ela tinha delimitado meu lugar a uma questão de milímetros" (*ibid*; p. 9).

No meio de tanto impacto e poucas simbolizações, só era possível a "... proliferação de imagens e a raridade do verbo" (*ibid.*; p. 8).

As cenas se sucedem cronologicamente, mas elas se detêm no tempo psíquico: os mesmos lugares, as mesmas emoções, a mesma fantasia subjacente. Há um intercâmbio de posições, mas sempre num quadro fixo. O que a terapeuta sente e pensa perfeitamente poderia ter sido pensado e sentido pela paciente; e quando a terapeuta se confunde com ela e não pode olhar, não pode se mexer, não pode indagar, porque acha que dá medo a ela e dá medo a si mesma, a paciente coloca-se na posição de seu pai, incomunicado, isolado, doente.

O ato da terapeuta mobiliza uma ruptura com essa cena produzida fantasmaticamente, construída com coisas ouvidas e vividas, que pretende explicar, dar forma, organizar e representar as sensações dispersas. É como se essa fantasia dissesse "as pulsões me estão proibidas... qualquer aproximação, indagação, olhar é perigoso (...) era melhor se anestesiar". O ato, como cena vivida, levanta a dúvida da 'veracidade' da interpretação fantasmática, toca-a nas suas entranhas, produz um impacto — pela transferência — que a desmantela. Ato e fantasia são incongruentes, já não combinam. O ato, aquém ou além da palavra, oferece dessa forma uma vivência inédita, que permite novas formas de inscrição da pulsão pelo caminho das identificações.

A paciente vive agora a presença da "estátua" no consultório da sua analista com grande angústia, como se esse acontecimento revivesse um outro anterior que se conecta a este: "Há qualquer coisa que mudou

144 *Além dos limites da interpretação*

aqui. Há uma grande massa negra. Tenho medo. Nunca mais poderei ter confiança. Eu não poderei nunca mais estar tranqüila. Como falar ou até pensar quando existe isso" (*ibid.*; p. 11). Há qualquer coisa que num outro tempo, repentinamente, devia ter mudado e produzido medo. Nunca mais poderia ter confiança. A morte do pai, essa "grande massa negra" presente pela ausência, paralisou-a até nova ordem. Tudo era incompreensível naquela época, tudo pedia para não ser compreendido, para não ser falado, para ser oculto, só a marca das expressões: "... uma noite seu pai grita, sua mãe se agita, chama uma vizinha, uma ambulância vem e o leva. Ela vê seu pai partir e vê que ele chora. Nenhuma palavra é trocada. Ele morre pouco depois sem que ela o tenha visto" (*ibid.*; p. 9). No seu lugar, a "grande massa negra", o abandono, o vazio 'torturante' inexplicável e sem fala, congela. A "grande massa branca", o colar de pérolas, se apossa do seu corpo, como estátua imóvel, como símbolo do que não se pergunta, do que se esconde, do inexplicável, do enigma convertido — também sem palavras — em objeto.

"De repente, eu fiquei irritada. Eu não agüentava mais minha imobilidade, sua vigilância, seus medos, minha falta de liberdade. Eu me levantei, eu me aproximei do divã, eu lhe peguei a mão, fiz com que se levantasse e, ainda segurando sua mão, eu a levei diante da estátua. E aí eu falei. Falei muito. Falei da estátua, disse que ela não era malévola; que nós não podíamos mais permanecer assim; que eu não queria mais ficar imóvel... depois me sentei" (*ibid.*; p. 11).

Pela via do ato, ou melhor do *acting-out* — pelo seu caráter impulsivo e desvinculado de qualquer propósito —, ambas se discriminam, não são mais intercambiáveis suas falas e ações, um movimento diferente se produz. É o ato, ou "... a fala como acontecimento em contraposição à fala enquanto ato de representar" (Figueiredo, 1993; p. 46) que irrompe, que desestabiliza e que permite a possibilidade de novos nexos. O olhar se endereça: "ela não tornou a se deitar, ela também se sentou" (Zygouris, 1993; p. 11); o movimento acontece: "Eu tinha vontade de gritar, de correr. Eu corri até a estação de metrô, mas isso não bastou, eu corri até a estação seguinte e até a seguinte, talvez eu tenha até gritado um pouco" (*ibid.*; p. 11); a fala consuma-se: "... começou a falar imediatamente com uma grande vivacidade" (*ibid.*; p. 11); e o colar, emblema de seu silêncio, se perde: "Ele deve ter-se soltado durante minha corrida" (*ibid.*; p.11).

Ele cai pela corrida, mas ela só corre quando pode perdê-lo.

Além dos limites da interpretação ?   145

O *acting* da analista impulsiona a "emergência do reprimido", retoma circuitos outrora interrompidos e oferece para a paciente, pela via da identificação, novos caminhos para as pulsões. Intercepta, pela surpresa, a repetição, que, como reedição do trauma, igual a ele "... não passa, não propicia o futuro e não constitui o presente"(Figueiredo,1993; p. 49), ancorando-se atemporalmente e impedindo a abertura para o campo do desconhecido e mutável. O *acting-out* (na dimensão que aqui se expressa) fere a rotina, remodela a 'cena traumática', produz uma quebra no mundo inflexivelmente organizado das representações e afetos, oferecendo, no meio da palpável reedição do "acontecimento inconcluso", um ato, um gesto, uma fala (não importa exatamente do que se trate) carregada de força, que pela sua intensidade, pela sua convicção, mais do que pelo seu conteúdo, sugere à pulsão o caminho para novas inscrições ou representações.

Depois de um tempo: "O medo era menos intenso (...) ela se pusera a desenhar, depois a pintar (...) não me vigiava mais. Ela se queixava cada vez mais de sua vida atual; de seu marido, de seu trabalho. Ela estava menos impecável no trajar, vinha com jeans". "Ela lembrava o sofrimento de seu pai, se arrependia de não ter jamais ousado ter aberto a porta enquanto ele estava deitado, doente, no quarto ao lado" *(ibid.*; p. 12).

Passaram muitos anos para que imaginariamente essa porta e, metaforicamente, outras portas pudessem ser abertas. Esse foi o trabalho da análise: permitir atravessar as barreiras que bloqueavam as portas.

"Um dia, muito tranqüilamente, ela me anunciou que punha fim à sua análise: 'Eu gosto de você, mas você faz parte de meu passado. É preciso que eu a perca, como o colar, para poder correr livre' " *(ibid.*; p. 12).

Era de fato preciso perder algo: o medo. O medo à fala e ao mesmo tempo o medo ao silêncio; o medo à morte e o medo à vida. Era preciso recuperar seus sentidos, a pergunta, os enigmas.

Não é nem a 'certeza' nem a perspicácia de uma interpretação o que aqui se apresenta. É um além ou um aquém da palavra, é aquilo que se nos mostra na intuição, no afeto, no ato, dificilmente traduzível mais intensamente vivido. É um acontecer que não se limita a transitar pelo paciente em função da interpretação do terapeuta. Terapeuta e paciente se implicam, e é só nessa e através dessa implicação que a transformação é possível. O que cabe ao terapeuta nesse processo?

"Ter ouvido algo e tê-lo vivido são duas coisas de natureza psicológica totalmente distintas, mesmo possuindo igual conteúdo", diz

146 *Além dos limites da interpretação*

Freud no trabalho "O inconsciente" (1914-15; p. 2.067). É a essas duas dimensões, a "estas duas naturezas psicológicas totalmente distintas", que precisa apontar a experiência analítica.

Por que e como poderíamos diferenciar essa intervenção de outra, a qual convencionaríamos chamar de 'interpretação clássica', que através de uma formulação verbal aponta para a fantasia, para o desejo, ou para a transferência?

Em que medida poderíamos pensar que essa narração nos situa num terreno de "mudanças técnicas" , onde o ato ou até o *acting-out* passa a ter junto com a interpretação, ou antes ou depois, uma função relevante?

Em que medida o ato pode ser para a segunda tópica a 'resposta técnica' que a interpretação foi para a primeira? E, nesse caso, poderíamos insinuar um 'novo' caminho a ser transitado no processo terapêutico, e um 'novo' papel para o terapeuta?

A passagem ao ato quebra a distribuição dos espaços, embaralha os lugares, desloca a palavra e introduz a presença do não-neutro, da impulsividade, do 'excesso' de afeto num solo marcado até então pela suposta neutralidade, controle e 'domínio' interpretativo. Nesse sentido o ato (ou uma fala, a "fala acontecimental"[40] dotada desses atributos) irrompe e produz um corte, uma surpresa, uma "ruptura de campo" (Hermann 1989; p. 24), uma quebra na trama de relações até então existente, como um instante lógico em que é impossível a representação, seguido da estruturação de outro campo. Nesse impasse, parece operar-se, do imaginário do terapeuta em direção ao imaginário do paciente, um entrelaçamento original na confluência das co-transferências e co-contratransferências produzidas na situação de análise.

O "ato" não pertence com exclusividade ao analista; é uma "intenção" de ato abortada no paciente e colocada em cena pelo analista. Pensamos que entre as múltiplas transferências possíveis, o paciente faz viver ao outro-analista (receptor, 'ator' e finalmente analista da transferência que o paciente realiza) o que ele vive, ou viveu de forma incon-

---

40. Essa expressão "fala acontecimental" é utilizada por Luis Claudio Figueiredo num texto já citado, "Fala e acontecimento em análise" (1993), para precisar um tipo de fala que, contrapondo-se à fala enquanto possibilidade de representar, permite uma quebra no quadro representacional, um movimento destinado a que o "acontecimento 'acabe de acontecer' e se torne disponível para a simbolização e para a elaboração representativa" (p. 50).

Além dos limites da interpretação ? 147

clusa. Nesse sentido podemos pensar, como diz Spillus (1992), que esse mecanismo utilizado pelo paciente, reconhecido como identificação projetiva, procura despertar no analista sentimentos que o paciente não consegue tolerar em si próprio, e que inconscientemente deseja expressar e comunicar. A identificação projetiva, dessa forma, buscaria não só a projeção de uma fantasia interna, mas, como dirá Feldman (1992), afetar o objeto.

É nessa encruzilhada de inconclusão e irrepresentação (pela própria condição de inconcluso) que se gestam as cenas repetitivas, e que o conceito de trauma toma novamente corpo na análise. Como acontecimento inacabado, como pulsão interceptada que ao mesmo tempo sufoca e incita a um trabalho permanente de atividade psíquica (sonhos, sintomas, interpretações), o trauma não é nem pulsão de morte nem pulsão de vida. É vida e morte: morte enquanto atemporaliza, congela, desorganiza e desliga; vida, enquanto promove a organização, sob a forma de sintomas ou como busca de representações. O trauma surge no confronto com a finitude, pelo excesso e pela falta, pela certeza e presença da morte, pelo vazio de objetos ou representações.

Nesse sentido, o trauma situa-se no acontecimento capaz de impor um excesso à possibilidade metabolizadora do sujeito, e também na pulsão, que, como diz Birman (1991), é necessariamente traumática quando se encontra num espaço psíquico carente de representações. O caráter traumático reside a nosso ver em várias fontes: na desproporção entre o excesso pulsional e os recursos com os quais o sujeito conta para representar (como momento exemplar podemos vislumbrar a vivência do psiquismo infantil em situação de desamparo); na falta não de representações, mas de objetos pulsionais; e talvez numa situação não tanto de carência, mas de 'excesso' de representação, que pode conduzir o sujeito, no seu afã de se defender, seja ao recalque, seja a outros mecanismos de defesa, como a denegação.

Quanto ao sintoma, pensamos que ele opera no contexto traumático como uma prótese, como uma forma "disforme", como substituto artificial que permite a descarga e a continuidade num psiquismo paralisado pelo acontecimento traumático. Produzir um sintoma para um trauma é tentar diminuir, pela simbolização e pela auto-interpretação, o impacto traumático de essência quantitativa. No entanto, é interessante ver que, na lógica da posterioridade da qual Freud se vale, é ao segundo tempo, tempo da re-significação e simbolização, que se atribui o peso da irrupção

148 *Além dos limites da interpretação*

traumática. Nesse caso, não parece ser o obscuro representacional o produtor do trauma, mas, pelo contrário, a clareza das representações. Esse segundo tempo, acreditamos, não faz mais do que despertar a lembrança da excitação vinculada à situação primeira do acontecimento traumático. Um paciente me perguntava por que só a partir de uma certa ocasião os sintomas tinham começado, se eu remetia o motivo a uma situação bem mais pretérita? O que me parecia era que essa segunda situação, ocorrida trinta e tantos anos depois, era uma espécie de presentificação da primeira mediante os subsídios da repetição. Aquela tinha ficado inconclusa e, atualmente, buscava, com seu recrudescimento, uma conclusão pela via do sintoma. Nesse sentido, o terapeuta precisaria retomar o ponto de inconclusão da cena aparentemente concluída no sintoma, refazendo os caminhos temporais e históricos .

Neste quarto e último capítulo, onde exploramos lugares e intervenções possíveis para o analista, ressalta-se o tema do ato, não exatamente em contraposição à interpretação, mas como uma modalidade própria que inclui um fazer, que pode ou pretende produzir no paciente uma experiência afetiva inédita, e como diz Birman — comentando a concepção de ato em Lacan — "... provocar cortes, possibilitar a rearticulação do campo significante e precipitar o agenciamento de novos sentidos" (Birman, 1989; p. 181).

Na literatura, especialmente em Ferenczi (1919;1921;1926) e em autores atuais como Symington (1994), Armony e Sabbagh Armony (1994) e Sá Earp (1994), encontramos referências ao ato, associado ao tema da repetição, da estagnação e da recuperação da mobilidade de pulsões encalacradas.

Ferenczi trabalha com esse conceito de ato, de atividade, com o qual recoloca, ou melhor, amplia o fazer analítico. Num comentário sobre seu trabalho, Birman diz que para Ferenczi "... na prática da atividade o analista deveria ocupar também uma outra posição, realizando atos face ao analisando, não permanecendo, portanto, no eixo do escutar / falar" (1988; p. 210). Interpretar e atuar ficam então em coordenadas de diferentes eixos. Ainda que pensemos que a interpretação é um ato, e que há atos que são interpretativos, as problemáticas do ato e da interpretação não se superpõem.

Nas "Dificuldades técnicas de uma análise de histeria", de 1919, por exemplo, Ferenczi vai colocar o ato ao serviço de uma história clínica que "... não fazia qualquer progresso" (p. 121). Fixando primeiro

Além dos limites da interpretação ? 149

um termo para o tratamento e proibindo depois uma postura (manter as pernas cruzadas durante toda a sessão) com a qual a paciente parecia extrair uma satisfação masturbatória — retirando assim o investimento da transferência — Ferenzci tentou livrar a paciente da estagnação do processo, interceptando a repetição contida nessa modalidade auto-erótica de satisfação pulsional. Imediatamente manifestaram-se movimentos significativos que se concluíram com a recuperação de lembranças associadas "... às circunstâncias mais importantes da doença" (p. 122). No entanto, pouco depois as melhoras desapareceram e os sintomas transformaram-se em substitutos satisfatórios do onanismo. Novas proibições então, com o propósito de continuar bloqueando tais vias de satisfação, e novos *insights* permitiram refazer de maneira mais firme o circuito pulsional por caminhos mais saudáveis. Neste momento de entusiasmo com as mudanças, Ferenczi atribui a causas econômicas a razão para que as proibições e injunções produzam mudanças. Num trecho de seu texto nos diz: "Trata-se então (...) de represar as vias inconscientes e habituais de escoamento de excitação e de obter pelo constrangimento o investimento pré-consciente, assim como a versão consciente do recalcado" (p. 126). Tenta-se liberar por meio do ato a libido presa nos circuitos repetitivos, permitindo-lhe ficar mais apta para um trabalho de interpretação e para a abertura de novos investimentos.

No entanto, como Mezan nos explica, esse tipo de 'atividade' produzia às vezes muitos problemas: "Nos casos mais graves — escreve — o incremento de tensão resultante da 'técnica ativa' chegava a verdadeiros paroxismos, que, segundo Ferenczi, reproduziam de um modo ou de outro vivências traumáticas ..." (Mezan, 1993; p. 21). Em 'Contraindicações da técnica ativa' (1926), Ferenczi detalha mais esses inconvenientes. Sem desistir da atividade como procedimento, advertirá sobre os cuidados a tomar, pois um aumento da tensão psíquica através de recusas, injunções e proibições aumenta inevitavelmente a resistência; e uma postura impositiva do terapeuta (incentivando ou proibindo) pode fazer reviver a relação do paciente com figuras autoritárias (pais, professores etc.), substituindo um superego por outro e reinstalando em muitos casos situações traumáticas.

Ferenczi passa a relativizar a postura ativa. Em 1928, por exemplo, no trabalho sobre "Elasticidade da técnica psicanalítica", enfatizará o trabalho com as interpretações, restringindo o uso das ordens e das proibições. Embora, com certa ambigüidade, continue achando que as

150   *Além dos limites da interpretação*

variações de tensão provocadas pela utilização desses recursos podem ser, ao lado das associações, instrumentos úteis da técnica, dirá que "... cabe ao paciente determinar ou, pelo menos, indicar sem mal-entendido possível o momento da atividade", acrescentando "... que é sempre o paciente e nunca o médico que pode ser 'ativo'..." (1928; p.308).

Entretanto, no exercício da 'análise mútua', encontramos de novo um Ferenczi ativo, mas agora numa outra perspectiva. Trata-se de uma atividade que não se baseia no deslocamento de quantidades, na interdição de descargas ou no escoamento de energias, mas na aposta do espaço de análise como um espaço 'des-traumatizante' que se utiliza da confiança e sinceridade para se opor à denegação, a qual para ele opera como fonte do trauma.

A psicanálise seria, dessa forma, um âmbito de gestação de novos estilos de subjetividade, cujo exercício vincula-se mais à prática de uma ética do que à de uma técnica.

O ato pode, assim, ser pensado de várias formas: como movimento que faz produzir e como movimento que, ao produzir-se, produz. Retomando as reflexões de Birman com respeito ao pensamento de Lacan sobre o tema, vemos que ele define o ato como "... um procedimento metodológico da figura do analista, em que este se insere, também, no processo analítico como objeto-causa do desejo e não apenas como objeto do desejo" (1989; p. 181). Desta perspectiva o analista não seria só receptor e intérprete da repetição na transferência, mas também, e sobretudo, causa do desejo.

Embora a concepção de ato, presente na intervenção exposta no primeiro caso "Você sonha?", ilustre o papel ampliado do analista (como propulsor de pulsão e causa de desejo), pouco acrescenta a respeito de um outro tipo de ato (o que foi apresentado nos dois outros casos). Este se origina na identificação projetiva, toma a forma de "ato de liberação do analista" e permite — talvez pelo caminho inverso à identificação projetiva — uma mudança no paciente. Esse ato é um ato do terapeuta, para o terapeuta, mas que na dupla — analista /paciente — que Symington sugere chamar de "personalidade combinada" (1994; p. 191) pode provocar também um efeito liberador no paciente.

Essas reflexões colocadas sobre o ato e sobre o fazer do analista não têm um caráter conclusivo, mas foram ponto de apoio para incursionarmos de maneira mais 'ativa' pelos contornos indefinidos que separam os alcances e limites da clínica psicanalítica.

Comentários finais

"Cada paso adelante es sólo la mitad
de largo de lo que parece al princípio."

(Johann Nestroy, em Freud, 1937; p. 3.348)

Quais são nossas conclusões?
Há um além dos limites da interpretação.
Nesse além, encontramos a nomeação, o ato e a vivência.

O limite à interpretação se impõe pelo irrepresentável — esse campo enigmático de sensações, intensidades e energias —, mas também pela pulsão de morte: sexual, inscrita e ligada, e pela pulsão de vida.

Quando, no começo do trabalho, fizemos a hipótese de um além da interpretação, deixamos implícito que esse além poderia corresponder, e também responder, ao campo do não inscrito, ao da pulsão sem representação: pulsão de morte. Hoje, embora continuemos pensando num além da interpretação, também orientado para a pulsão de morte, essa pulsão não nos parece estar localizada fora do aparelho psíquico e do recalque.

Se, por um lado, como vimos, é possível justificar a pulsão de morte pela força que impulsiona à repetição, à agressão, ao ódio e à reação terapêutica negativa, não fica claro como justificar que essa pulsão careça de representações. Por que não poderíamos pensá-la como pensamos as pulsões de vida? Essa possibilidade estaria inclusive em maior sintonia com a própria definição de pulsão presente em "Os instintos e suas vicissitudes" (onde Freud fala da pulsão como "... representante psíquico dos estímulos procedentes do interior do corpo...", 1915; p. 2.040), definição que, mesmo depois da nova concepção pulsional, não foi mudada.

Talvez a proposta de uma pulsão sem representação pretenda deixar a teoria mais estável, permitindo, por um lado, incorporar a evidência invisível do enigmático irrepresentável, por outro, manter uma dualidade pulsional a qualquer custo (sustentada na oposição dos lugares que as pulsões ocupam, na possibilidade ou não que ambas têm de serem representadas e na modalidade diferente de circulação de energia); e, por último, oferecer uma saída para a complicada explicação da presença de intensidades desmedidas e de afetos inconscientes. No entanto, a característica 'sem representação' dessa pulsão confunde o próprio conceito de pulsão, sua própria constituição (como se existisse pulsão antes da presença do outro), e com isso o trabalho do terapeuta.

É interessante notar que a pulsão de morte não se mostra tão alheia ao aparelho psíquico, nem tão distante das pulsões sexuais. O estilo de seu funcionamento — com sua tendência à redução completa das tensões, com o movimento livre das cargas de energia, com a busca da dissolução de conexões — não se diferencia muito do funcionamento atribuído ao processo primário, que caracteriza o sistema inconsciente. Por outro lado, o sadismo e o ódio (em luta pela conservação e afirmação da vida) pertenceram num primeiro momento às pulsões do eu, que mais tarde, com a segunda teoria das pulsões, passaram a ser pulsões sexuais, deixando o masoquismo e o ódio fora, a fim de manter a dualidade pulsional.

Achamos, pelo menos provisoriamente, que a pulsão de morte não deveria ser considerada como expressão do irrepresentável. Esse irrepresentável não contém propriamente pulsões, mas impressões, sensações, marcas no corpo, energias, que mesmo estando na procura de simbolizações, não são em sentido estrito objeto de análise, mas sim causa e parte do processo analítico. Parece-nos necessário repensar a pulsão de morte em suas particularidades, quanto à sua origem, constituição e localização, trazendo com ela, para o primeiro plano da clínica, junto com o fenômeno da repetição, a problemática da agressividade, que pode, talvez, fazer parte de seu território.

Acreditamos que não seja só a existência ou não de representação que coloca limites para a interpretação. Quando em geral falamos da necessidade de prestar atenção para os resultados pouco satisfatórios da clínica, rapidamente falamos de casos *borderline*, de personalidades narcisistas, enfim, de modalidades de funcionamento menos 'ortodoxas', deixando fora as neuroses, insinuando que a interpretação do recalcado dá conta delas. No entanto, pensamos que também nas neuroses — onde encontramos além do recalque, a repetição, a agressão e a reação terapêutica negativa — a interpretação nem sempre consegue mudanças.

A atenção centrada na idéia de inconsciente e recalque descuidou por um lado o irrepresentável (angústia, corpo) e, por outro, o

Comentários finais 153

'recalque consciente', aquilo que não pode ser dito, não porque seja inconsciente, mas porque a consciência (em nome dos valores, da moral, da ética ou por temor ao confronto) não o permite. Assim como encontramos hoje uma tentativa de aproximação ao irrepresentável pelo caminho da pulsão de morte, pensamos que é igualmente importante aproximarmo-nos desse 'recalcado consciente' (talvez aparentado com o desmentido de Ferenczi) o qual exerce, no social e na clínica, um peso importante.

O que define a necessidade de um além da interpretação é uma certa concepção de produção de doença, que por sua vez sugere uma concepção de processo terapêutico onde não basta o oferecimento de representações. Assim como no processo de constituição do sujeito psíquico a interpretação da força (atribuição de sentidos pela mãe, por exemplo) é fundamental porque inscreve e ordena, na análise a interpretação analítica também é fundamental, porque, reinscrevendo, reorganiza. No entanto, em ambas as situações, é necessário um apoio para que a inscrição e a interpretação tenham efeitos. Entendemos que esse apoio é dado pela qualidade, força e atuação de uma vivência. Tanto Freud quanto Ferenczi reafirmam essa idéia. O primeiro quando diz, como vimos no quarto capítulo, que "Ter ouvido algo e tê-lo vivido são duas coisas de natureza psicológica totalmente diferente..." (1914-15; p. 2.067). Quanto a Ferenczi, escreve que pela atividade se oferece ao paciente um elemento de vivência que permite chegar a um grau de convicção inalcançável pela via do intelecto, "... o conhecimento de uma parte da realidade, talvez a mais importante, não pode se tornar uma convicção pela via intelectual, mas apenas quando se faz conforme a experiência afetiva" (1926; p. 280).

O limite da interpretação não é o limite da análise. Ao tentar vencer os limites da interpretação, ampliamos o processo analítico, incluindo fenômenos que, mesmo se já presentes antes de maneira implícita (como os afetos e o próprio ato), careciam de força e legitimidade. Assim como passou muito tempo para que a transferência e contra-transferência fossem reconhecidas em todo seu impacto na análise (e só as tentativas fracassadas de as excluir levaram a incorporá-las e a revelá-las como valiosos recursos), algo parecido ocorre com o ato. Por que estes fenômenos que insistem em aparecer não são naturalmente incorporados? Possivelmente o temor — em grande parte justificado — à arbitrariedade, ao descontrole, à presença dos afetos, produza certos re-

154   *Além dos limites da interpretação*

ceios. Pensamos no entanto que é necessário continuar buscando suportes para potenciar estes recursos. Uma ética clara pode susbstituir o medo.

Freud dizia que a psicanálisse é uma profissão impossível; acrescentaríamos que, quando possível, é uma profissão de riscos.

Superar os limites da interpretação supõe a presença de um analista centrado não apenas na palavra, mas também em uma prática de análise capaz — a partir da inclusão mais definida da dimensão energética, dos desejos e dos afetos — de articular força e linguagem.

Alguns poderão ver nessas colocações os resquícios desvalorizados de uma prática pré-analítica. Uma prática que antecede a 'verdadeira' psicanálise, modelada sob os auspícios da primeira tópica centrada no inconsciente, nas representações recalcadas e nas interpretações. Outros poderão ver uma redundância ou ainda a obviedade de uma clínica que integra naturalmente representação e afeto. Nós, no entanto, vemos nelas a retomada mais enfática — não igual, mas recriada — de questões centrais presentes na clínica inicial de Freud (como a idéia de trauma, agora sob a forma da pulsão de morte como pulsão traumatizada, dos excessos e dos afetos) que conduzem à ampliação da função do analista.

Bibliografia

ARMONY, Nahman e ARMONY Réjane (1992). "Disponibilidade para a identificação como expressão integradora de interpretação e ato". *Tempo psicanalítico. Interpretação e ato.* Rio de Janeiro, SPID, (26):114-124.

BERLINCK, Manuel (1994). "A mania de saber". *Boletim de novidades Pulsional.* São Paulo, Pulsional; 7 (58).

BIRMAN, Joel (1988), "Desatar com atos". BIRMAN, Joel(org.), *Percursos na história da psicanálise.* Rio de Janeiro, Taurus Editora, p.199-227.

_____ (1989). "A palavra entre atos". BIRMAN, Joel (org.), *Freud 50 anos depois.* Rio de Janeiro, Relume Dumará, p. 173-195.

_____ (1991). *Freud e a interpretação psicanalítica,* Rio de Janeiro, Ed. Relume Dumará.

_____ (1993). *Ensaios de teoria psicanalítica.* Rio de Janeiro, Jorge Zahar Editor.

_____ (1994). "O sujeito na diferença e o poder impossível". Em *Psicanálise, ciência e cultura.* Rio de Janeiro, Jorge Zahar Editor, p.118-144.

BLEICHMAR, Silvia (1993 a). *A fundação do inconsciente.* Porto Alegre, Artes Médicas.

_____ (1993 b). *Nas origens do sujeito psíquico: do mito à história.* Porto Alegre, Artes Médicas.

BOTELLA, César e BOTELLA , Sara (1988)."Trauma e tópica". *Revue Française de Psychanalyse,* tome LII: 1259-1284, Paris, PUF Trad. Mauro Pergaminik.

DAYAN, Maurice (1977). "Madame K. interpreta". *Topique,* 19, abril 1977.

FELDMAN, Michael (1992). "Cisão e identificação projetiva". ANDERSON Robin (org.), *Conferências clínicas sobre Klein e Bion.* Rio de Janeiro, Imago, p. 88-102, 1994.

FERENCZI, Sándor (1919). "Dificuldades técnicas de uma análise de histeria". BIRMAN, Joel (org.). *Escritos psicanalíticos* (1909-1933). Rio de Janeiro, Taurus, 1988.

156 *Além dos limites da interpretação*

—————— (1921). "Prolongamentos da 'técnica ativa' em psicanálise". *Op. cit.*

—————— (1926). "Contra-indicações da técnica ativa". *Op. cit.*

—————— (1928). "Elasticidade da técnica ativa". *Op. cit.*

—————— (1985). *Diário clínico.* São Paulo, Martins Fontes,1990.

FERREIRA, Geraldino (1990). *Interpretação.* Trabalho apresentado no Departamento de Psicanálise do Instituto Sedes Sapientiae.

FIGUEIREDO, Luis Claudio (1993). "Fala e acontecimento em análise". *Revista de Psicanálise, Percurso.* São Paulo, 6 (11): p.45-50.

—————— (1994). " Pensar, escutar e ver na clínica psicanalítica". Palestra apresentada no Encontro de Fenomenologia, São Paulo.

FREUD, Sigmund (1888-93 [1893]) "Estudio comparativo de las parálisis motrices orgánicas e Histéricas". *Obras completas de Sigmund Freud.* Madri, Biblioteca Nueva, 1973.

—————— (1891). *La afasia.* Buenos Aires, Nueva Visión, 1973.

—————— (1892-93). "Un caso de curación hipnótica". *Obras completas de Sigmund Freud.* Madri, Biblioteca Nueva, 1973.

—————— (1893-95 [1895]). "Estudios sobre la histeria". *Op. cit.*

—————— (1896). "La etiología de la histeria". *Op. cit .*

—————— (1898). "La sexualidad en la etiología de las neurosis". *Op. cit.*

—————— (1898-99 [1900]). "La interpretación de los sueños". *Op. cit.*

—————— (1903 [1904]). "El método psicoanalítico de Freud". *Op. cit.*

—————— (1904 [1905]). "Sobre psicoterapia". *Op. cit.*

—————— (1905a). "Análisis fragmentaria de um caso de histeria". *Op. cit.*

—————— (1905b). "Psicoterapia". *Op. cit.*

—————— (1905c)."Tres ensayos para una teoria sexual". *Op. cit.*

—————— (1909)."Análisis de un caso de neurosis obsesiva (caso 'El hombre de las ratas')". *Op. cit.*

—————— (1909 [1910 a]). "Psicoanálisis (Cinco conferencias pronunciadas en la Clark University, Estados Unidos)". *Op.cit.*

—————— (1910b). "El porvenir de la terapia psicoanalítica". *Op.cit.*

—————— (1910c). "El psicoanálisis 'silvestre'". *Op.cit.*

—————— (1912). "La dinámica de la transferencia". *Op.cit.*

Bibliografía

_____ (1912a). "Dos principios del funcionamiento mental". *Op. cit.*

_____ (1912b)."Consejos al médico en el tratamiento psicoanalítico". *Op. cit.*

_____ (1912b). "Los dos principios del funcionamiento mental". *Op. cit.*

_____ (1914a). "Recuerdo, repetición y elaboración". *Op. cit.*

_____ (1914b). "Historia del movimiento psicoanalítico". *Op. cit.*

_____ (1914c). "Historia de una neurosis infantil (caso del 'Hombre de los lobos')". *Op. cit.*

_____ (1915a). "Los instintos y sus destinos". *Op. cit.*

_____ (1915b). "La represión". *Op. cit.*

_____ (1915c). "El inconciente". *Op. cit.*

_____ (1916). "Varios tipos de carácter descubiertos en la labor analítica". *Op. cit.*

_____ (1917). Leccion XXIII "Vía de formación de sintomas", "Lecciones introductorias al psicoanálisis". *Op. cit.*

_____ (1920). "Más allá del principio del placer". *Op.cit.*

_____ (1923). "El yo y el ello". *Op.cit.*

_____ (1924). "El problema económico del masoquismo". *Op. cit.*

_____ (1926). "Inhibición sintoma y angustia". *Op. cit.*

_____ (1932 [1933]). "Nuevas lecciones introductorias al psicoanálisis". Op. cit.

_____ (1937a). "Análisis terminable e interminable". *Op. cit.*

_____ (1937). "Construcciones en psicoanálisis". *Op. cit.*

_____ (1938 [1940]). Compendio del psicoanálisis

_____ (1887-1904). *Correspondência Completa de Sigmund Freud a Wilhelm Fliess*. Edit. por Jeffrey Moussaieff Masson. Rio de Janeiro, Imago, 1985.

_____ (1917-19). "De la historia de una neurosis infantil". *Obras Completas Sigmund Freud*, Buenos Aires, Amorrortu Editores, V. XVII, 1975.

GARCÍA ROZA, Luiz Alfredo (1986). *Acaso e repetição em psicanálise*. Rio de Janeiro, Jorge Zahar.

GARDINER, Muriel (1971). *Los casos de Sigmund Freud. El Hombre de los lobos por el Hombre de los Lobos*. Buenos Aires, Nueva

Visión.

GAY, Peter (1988). *Freud: uma vida para nosso tempo*. São Paulo, Companhia das Letras, 1991.

GREEN, André (1990). *Conferências brasileiras de André Green: metapsicologia dos limites*. Rio de Janeiro, Imago.

————————— (1973). *O discurso vivo: a conceituação psicanalítica do afeto*. Rio de Janeiro, Francisco Alves, 1982.

GUEDO e GOLBERG (1980). *Modelos de la mente*. Buenos Aires, Amorrortu.

HERMANN, Fabio (1991). *Clínica psicanalítica: a arte da interpretação*. São Paulo, Brasiliense.

————————— (1989). "Invariância: fascinante metáfora". FIGUEIRA, Sérvulo (org.), *Interpretação: sobre o método da psicanálise*. Rio de Janeiro, Imago.

JACCARD, Roland (1973). *El Hombre de los Lobos*. Barcelona, Gedisa, 1980.

JONES, Ernest (1961). *Vida e obra de Sigmund Freud*. Rio de Janeiro. Jorge Zahar Editor, 1979.

LAPLANCHE, Jean e PONTALIS, Jean B. (1968). *Diccionario de psicoanálisis*. Barcelona, Labor S.A. Barcelona, 1977.

LAPLANCHE, Jean(1981). *O inconsciente e o id*. São Paulo, Martins Fontes, 1992.

————————— (1968). "Interpretar (com) Freud". Freud, J. B. Pontalis, J. Laplanche, M. Robert, Série L'Arc, Documentos, São Paulo, 1969.

————————— (1991). "A interpretação entre determinismo e hermenêutica". *La révolution copernicienne inachevée*. Paris, Aubier, 1992. (Trad. do cap. em português por Marcelo Marques Damião.)

————————— (1986). "A pulsão de morte na teoria da pulsão sexual". *A pulsão de morte*. São Paulo, Escuta.

————————— (1992). "Temporalidade e tradução". *La révolution copernicienne inachevée*. Paris, Aubier, 1992. p. 317-353. (Trad. do cap. em português por Elisa Maria de Ulhôa Cintra.)

LE GUEN, Claude (1982). *Prática do método psicanalítico*. São Paulo, Escuta, 1991.

LOPARIC, Zeljko (1991). "Um olhar epistemológico sobre o inconsciente freudiano". KNOBLOCH, Felicia (org.), *O inconsciente: várias leituras*. São Paulo, Escuta.

Bibliografia

MAHONY, Patrik J. (1986). *Freud e o homem dos ratos.* São Paulo, Escuta, 1991.

MELO BASTOS, Liana (1994). " A psicanálise é (virou) coisa de mulher?". *Boletim de novidades da pulsional.* São Paulo, Pulsional 7 (58): 7-20.

MENESES, Luis Carlos (1991 a). "O homem dos ratos e a questão do pai". *Percurso.* São Paulo, *3* (5-6): p. 7-13.

_____ (1991b). "Questões sobre o ódio e a destrutividade na metapsicologia freudiana". *Percurso.* São Paulo, *3* (7): p. 17-23.

MEZAN, Renato (1982). *Freud: a trama dos conceitos.* São Paulo, Perspectiva, 1991.

_____ (1988). *A vingança da esfinge.* São Paulo, Brasiliense.

_____ (1990). "Existem paradigmas na psicanálise (sobre um artigo de Bernardi)". *Percurso.* São Paulo, *2* (4): p. 43-52.

_____ (1993). "Do auto-erotismo ao objeto: a simbolização segundo Ferenczi". *Percurso.* São Paulo, *6* (10): p.19-30.

MINERBO, Marion (1989). " Nos bastidores da sessão: sobre o trabalho de construção da interpretação". FIGUEIRA, Sérvulo (org.), *Interpretação: sobre o método da psicanálise.* Rio de Janeiro, Imago.

MONZANI, Luiz Roberto (1989). *Freud: o movimento de um pensamento.* Campinas, Unicamp.

ORICCHIO, Luiz F. Z. (1986). *Contribuição ao estudo do conceito de interpretação na obra de Freud — os antecedentes do método.* São Paulo, USP.

PINHEIRO, Tereza (1993). "Trauma e melancolia". *Percurso.* São Paulo, *6* (10): p. 50-55.

PRESCHEL, Richard (1985). "Basamentos retóricos de la escucha psicoanalítica". *Psicologia Psicoanalítica,* Caracas, *3,* 1985. p.115-181

RECHARDT, E. e IKONEN, P. (1986). "Sobre a interpretação da pulsão de morte". *A pulsão de morte.* São Paulo, Escuta.

RICOEUR, Paul (1965). *Da interpretação: ensaio sobre Freud.* Rio de Janeiro, Imago, 1977.

SÁ EARP, de Antonio Carlos (1992). " A interpretação e os conhecimentos do psicanalista". *Tempo psicanalítico.* Interpretação e ato. Rio de Janeiro, SPID, (26) : p. 87-97.

SCHNEIDER, Monique (1994). *Afeto e linguagem nos primeiros escri-*

tos de Freud . São Paulo, Escuta.

SPILLIUS, Elizabeth (1992). "Experiências clínicas de identificação projetiva". ANDERSON, Robin(org.), *Conferências clínicas sobre Klein e Bion.* Rio de janeiro, Imago, 1994, p. 73-87.

SYMINGTON, Neville (1994). "O ato de liberação do analista como agente de mudança terapêutica". *Escola britânica de psicanálise*, p. 185-197.

TITAN, Samuel de V. (1994). "O conceito auxiliar de expressividade analítica". São Paulo, *IDE*, (24) : p. 42-50.

VIDERMAN, Serge (1982). *A construção do espaço analítico.* São Paulo, Escuta, 1990.

ZALTMAN, Nathalie (1994). *A pulsão anarquista.* São Paulo, Escuta.

ZYGOURIS, Radmila (1991/92). "O olhar selvagem". *Percurso.* São Paulo, 6 (11): p. 7-12,1993.